CONVERSATIONS
DU BOUT DU MONDE

www.editions-jclattes.fr

Damien Seguin – Sam Karmann
En collaboration avec
Catherine Wimphen

CONVERSATIONS DU BOUT DU MONDE

JC Lattès

Couverture : © Lalégende/Thierry Feuillet
Photographies : © Jean-Marie Liot © Olivier Roller
Graphiques : © Yann Groleau, Géovoile

ISBN : 978-2-7096-6935-1

Comment tout a commencé

J'ai rencontré Damien le 8 novembre 2017, à Saint-Malo, où il avait eu la gentillesse d'accepter d'être membre du jury de notre neuvième édition du Festival Regards Croisés, « Métiers et Handicaps »[1].

Cette année-là, sous la présidence du cinéaste Radu Mihaileanu, ce furent comme chaque année des rencontres, des débats, des discussions autour des films, du cinéma, du handicap, de la vie... Damien se montrait d'une disponibilité totale. La première matinée du festival est habituellement destinée au jeune public. Deux films traitant du handicap sont projetés successivement à des classes de CM1/CM2 et à des 4e/3e. Plusieurs centaines d'enfants se retrouvent à échanger après la projection autour des thèmes abordés. Damien nous proposa d'y participer. Ce fut un grand moment où, répondant aux questions des enfants

1. Organisé par Mireille Malot, présidente de l'association L'Hippocampe.

qui demandaient comment il faisait avec une main en moins dans la vie de tous les jours, il leur proposa un défi : celui qui attachera le plus vite ses lacets de chaussures. Joie et fébrilité dans l'assistance ! Évidemment, il gagna le concours. La preuve par l'exemple que le handicap n'est pas toujours celui qu'on pense, ni qu'on voit…

Je découvrais, outre le sportif de haut niveau, l'homme de convictions et de partage avec l'association qu'il avait créée : *Des Pieds et des Mains,* qui défend des valeurs d'intégration par le sport. Dans un festival qui prône des valeurs d'intégration par l'art… cette rencontre ne pouvait être tout à fait le fruit du hasard. Ce fut aussi l'occasion de lui avouer ma passion pour la voile, avec mes petites expériences de vieux régatier et de jeune croisiériste.

À la fin du festival, je fus témoin d'une discussion à bâtons rompus entre Damien et Nathalie Gateau, directrice du mécénat du groupe Apicil, partenaire du festival cette année-là. Damien parlait de ses projets, de ses envies de course au large, de changer de catégorie de bateau, de passer du Class40[1] à l'Imoca[2]. Nathalie lui laissa sa carte afin qu'il lui envoie un dossier…

Un an plus tard, Damien avait acheté l'Imoca, Apicil était son sponsor principal et il se lançait dans la course au large dans cette catégorie. La première importante serait la Route du Rhum le dimanche

1. Class40 : voilier de 40 pieds, soit 12,20 m.
2. Imoca : voilier de 60 pieds, soit 18,30 m.

4 novembre 2018 au départ de… Saint-Malo. Il m'y invita. La veille du départ, et pour des questions de marée et d'écluses, les concurrents devaient se positionner sur une bouée à l'extérieur du chenal. Ils quittaient le port devant des milliers de gens acclamant chacun des skippers au fur et à mesure de leurs sorties. J'étais sur le bateau, cela reste un souvenir inoubliable. Heureusement que Damien a connu cette ferveur cette fois-ci, quand on repense au départ des Sables-d'Olonne deux ans plus tard, en pleine pandémie…

L'année suivante fut celle de la préparation au Vendée Globe. En mai 2019 Damien s'octroya un run d'entraînement au Grand Prix du Guyader avec son équipe de préparation, et m'y convia. Pendant le convoyage entre Port-la-Forêt et Douarnenez, j'ai eu l'immense privilège de naviguer sur l'Imoca *Groupe Apicil*. Je me souviens de ce bonheur et aussi de la difficulté à passer le raz de Sein quand on rate la bonne fenêtre de marée et qu'on prend le courant en pleine face !

Nous eûmes petit temps le premier jour mais la récompense vint le lendemain. Par 21 nœuds[1] de vent, *Apicil* filait à plus de 22 nœuds aux côtés de quelques-uns de ses futurs concurrents foilers[2] : *Charal*, *Bureau Vallée*, *Initiatives Cœur*, *Maître Coq*, *Arkea*

1. 1 nœud équivaut à 1,85 km/h.
2. Foiler : bateau équipé de plans porteurs immergés (foils) qui participent à la stabilité transversale ainsi qu'à la portance du bateau.

Paprec... qui allaient tous se retrouver pour le grand rendez-vous du Vendée Globe 2020, la plus prestigieuse course autour du monde en solitaire et sans assistance.

Je quittai Douarnenez, Damien et les siens. J'avais fait le plein d'iode, d'embruns et de sensations. Comme à chaque fois que je me retrouve sur l'eau, ces trois jours de mer valaient pour moi quinze jours de vacances...

L'année suivante nous avons échangé amicalement au gré des moments. Il se préparait, malgré le confinement, je répétais une pièce pour Avignon... qui fut reportée. Je guettais les nouvelles du Vendée Globe, la course semblait maintenue. Il est vrai que pendant trois mois, en solitaire, les marins ne risquaient pas de disséminer le coronavirus...

Une semaine avant le départ du Vendée Globe je lui envoyai ce texto :

« *Cher Damien, dimanche prochain à la même heure tu seras sur le départ de la plus incroyable course en solitaire du monde ! Tu t'exposeras, seul, face aux vents, aux mers et aux océans, aux températures extrêmes, à toi-même, tu ne cesseras d'alterner joies incroyables et peurs indicibles, angoisses des choix à faire, tu vas vivre pendant des semaines une suite d'émotions démesurées et contradictoires, le tout dans une fatigue chronique mais supportée par cette ivresse de liberté qui ne te quittera pas... Tandis que nous serons confinés, recroquevillés, apeurés, angoissés, si peu vivants, nous, à terre...*

Alors je vais te suivre depuis Virtual Regatta[1]*, et penser (presque) aussi souvent à toi que Tifenn*[2] *et les tiens que j'embrasse très amicalement ! Avec toi l'ami ! Sam »*

Puis ce fut le départ, le dimanche 8 novembre. Comme un clin d'œil, j'avais gréé[3] mon bateau aux couleurs d'Apicil, en souvenir de cette rencontre si déterminante entre Damien et son futur sponsor à Regards Croisés. Jouer en virtuel me permettait de m'amuser et aussi de suivre les différents pointages de la vraie course en temps réel.

Une semaine plus tard, le 15 novembre, nous échangions par textos :

Damien Seguin — *Salut Sam. Ça y est, au bout d'une semaine intense je fais ma mue de Damien Terrien en Damien Marin… Les conditions sont moins compliquées depuis vingt-quatre heures, et c'est pas plus mal. Comment vas-tu ? Où es-tu ? Et que fais-tu en ce moment ? J'imagine qu'avec ce confinement bis il y a beaucoup de projets à l'arrêt…*

Sam Karmann — *La pièce de théâtre commencée début octobre en tournée s'est arrêtée. Mais la chance a voulu qu'on me propose deux tournages (autorisés, eux), un en ce moment et un autre en décembre… que je*

1. Virtual Regatta : jeu qui permet de participer virtuellement et en temps réel à des courses au large à la voile.

2. Tifenn est Team Manager et l'épouse de Damien.

3. Gréer : équiper un bateau de tout ce dont il a besoin pour naviguer, voiles, poulies, cordages…

n'aurais pas pu faire avec le théâtre... Donc oui, la pièce est reportée en septembre 2021, mais d'autres tournages se profilent. Je ne suis pas à plaindre !

D.S. — *C'est cool ça ! Écoute je me posais une question et je voudrais t'en parler. Il y a un premier livre qui vient de sortir, écrit par un journaliste sportif et qui raconte ma jeunesse jusqu'à la veille du Vendée Globe*[1]*. Je voudrais te proposer d'écrire la suite, sur ce tour du monde... Il y a une belle histoire à raconter je pense, mais moi je n'ai aucun talent pour écrire les choses...*

S.K. — *Ouah... mais comment ? À partir de tes messages WhatsApp... ?*

D.S. — *Il faudrait déterminer de quoi tu as besoin. Moi je peux facilement t'appeler régulièrement, te raconter, répondre à tes questions, aux questions d'un Terrien qui manie les mots à un Marin qui vit une histoire hors du commun...*

S.K. — *Alors il faudrait faire au moins une interview par semaine et que tu me racontes la semaine, les événements, les pensées, les peurs, les joies...*

D.S. — *Si tu es OK, moi je suis partant pour le faire avec toi !*

S.K. — *Je suis très touché de ta confiance. Si j'ai écrit des scénarios de films et des pièces de théâtre, je n'ai jamais écrit de récit... mais on peut essayer. L'essentiel*

1. *Damien Seguin, le défi d'une vie*, d'Éric Cintas, éd. Glénat.

c'est la matière, la tienne. Tu peux aussi faire des fichiers audios avec WhatsApp (sauf si c'est trop lourd à envoyer, je ne sais pas).

D.S. — *On peut essayer. Mais je ne doute pas que tu aies le talent pour cela ! Demain tu as un moment pour que je puisse te parler du départ et de cette première semaine ?*

S.K. — *Demain matin je peux entre 10 heures et 12 heures local... :) c'est vrai que toi tu dors pas ! :) Tu peux ? Il faut que je trouve le moyen d'enregistrer nos entretiens.*

D.S. — *OK, je m'arrange pour te tél dans ce créneau.*

S.K. — *À demain !*

Voilà comment, en quarante-cinq minutes, les choses ont commencé, à la fin de la première semaine du Vendée Globe 2020, entre les Canaries et les îles du Cap-Vert.

En quelques échanges de textos, la grisaille confinée de ce mois de novembre se déchirait, laissant entrevoir des semaines d'aventures. D'un instant à l'autre, cette proposition me projetait dans l'exceptionnel. Damien m'offrait par procuration un rêve d'enfant : faire le tour du monde à la voile ! J'avais hâte d'être à demain et tentai de hiérarchiser les mille et une questions à lui poser qui se bousculaient déjà dans ma tête.

Je dormis peu cette nuit-là, comme si je prenais mon premier quart de veille, visualisant notre planète, traçant mentalement le plan de route, bientôt l'équateur et la descente vers le Sud, les océans Atlantique, Indien, Pacifique, passer les trois caps : Bonne Espérance, Leeuwin et remonter par le Horn en ayant fait le tour de l'Antarctique !

Je m'endormis, passager clandestin de cette folle course en solitaire.

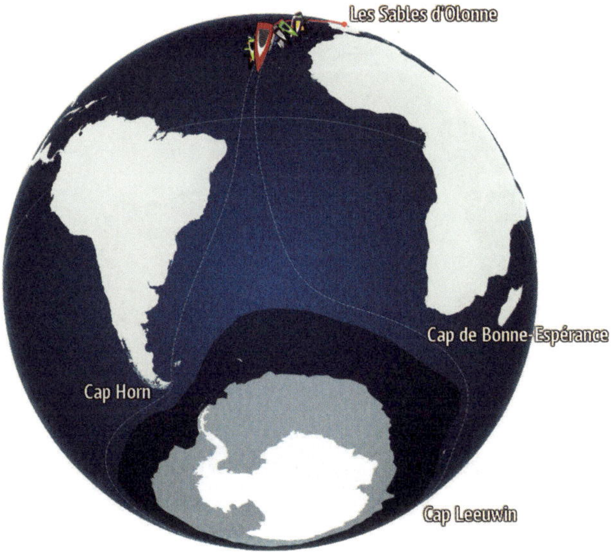
Les Sables d'Olonne
Cap de Bonne-Espérance
Cap Horn
Cap Leeuwin

Semaine 1

Les alizés, le Cap-Vert

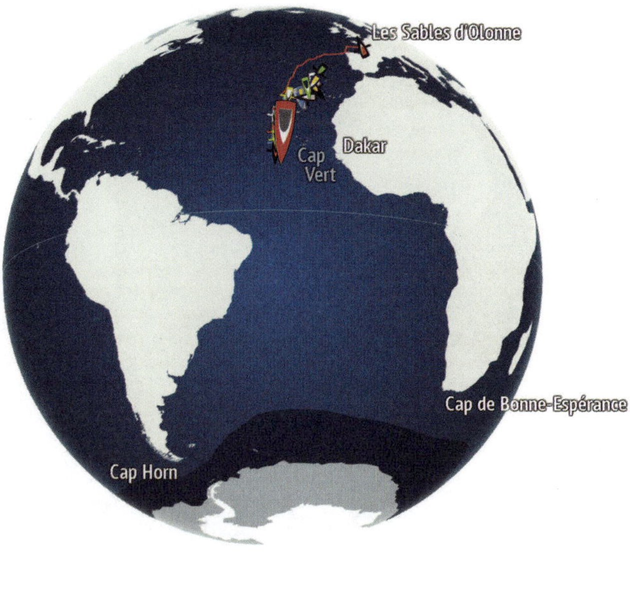

Lundi 16 novembre 2020,
13 h 55

Vent : 14 nœuds
Vitesse : 17,4 nœuds
Cap : 183°
Température : 24°
Vagues : 2 mètres
Classement : 8e

Sam Karmann — Salut Damien !... Le téléphone satellitaire... C'est incroyable de t'avoir en direct comme ça. Je voudrais d'abord qu'on se mette d'accord sur la méthode et l'organisation de nos échanges. Vu que tu es sur le bateau 24 heures sur 24 et que tu ne vas pas sortir acheter le pain, le mieux est peut-être que je te sollicite et soit tu es libre soit tu ne l'es pas. Tu dors quand, comment ?

Damien Seguin — Je m'adapte à ton emploi du temps, je dors quand je peux par tranches, je suis assez dispo.

S.K. — D'accord. Là, par exemple, tu as pris un cap et tu sais que pendant la demi-heure qui vient, tu n'as pas de réglage à faire ?

D.S. — Oui à peu de choses près. Je suis assis à ma table à cartes, j'ai le pilote automatique, moins 1, plus 1 degré, c'est des petits arrangements. Je sens énormément le bateau quand je suis à l'intérieur. Mais d'une façon générale, en course au large, on ne s'amuse pas à dérégler le bateau toutes les cinq minutes, c'est trop chronophage. On fait l'optimum dans la moyenne qu'on a.

S.K. — Quelle est la course la plus longue que tu as faite jusqu'ici ?

D.S. — En solitaire, c'est ma première Route du Rhum, qui a duré 18 jours, en Class40, en 2010. C'est mon plus long temps en solitaire en course. J'ai fait plus long mais c'était en double.

S.K. — Et ça a duré ?

D.S. — Vingt-huit jours. En 2009. La Solidaire du Chocolat. Avec Armel Tripon qui est aussi sur le Vendée Globe. On partait de Saint-Nazaire et on allait jusqu'au Yucatan au Mexique.

S.K. — Ce Vendée Globe tu l'as dans la tête depuis la Route du Rhum ?

D.S. — Clairement. C'est pour ça qu'on a acheté le bateau.

S.K. — Par ordre d'importance, quelle a été ta préparation ?

D.S. — Tout ce qui a dicté la préparation du bateau, c'est l'objectif que je me suis fixé. L'objectif n'est pas de gagner. Je n'ai ni le budget, ni le bateau pour. Ce que je veux, c'est finir, maximiser les chances de finir. Donc la préparation a été essentiellement ciblée autour de la fiabilisation du bateau. Il faut qu'il soit prêt à subir un tour du monde. Tout ce qui est à bord doit être déjà éprouvé pendant les deux années précédentes. On peut tester des choses, on peut casser, mais si on casse on doit trouver le moyen pour que ça ne casse pas pendant le Vendée Globe. Ça veut dire refaire des systèmes suffisamment tôt avant le départ pour pouvoir les tester et les valider en mer, et si possible en course. Je pense notamment au système de pilotage automatique, aux systèmes informatique et électronique. On veut toujours un peu mieux sur ces systèmes, mais il faut savoir s'arrêter et dire : « Je me fixe sur cette solution, j'apprends à la manipuler à 100 % de son potentiel, quitte à ne pas avoir la dernière version, mais au moins j'ai quelque chose que je comprends et qui est fiable. » C'est compliqué d'accepter ça. De lâcher l'optimisation au profit de la fiabilisation.

S.K. — Mais l'électronique, ça marche ou ça ne marche pas ! Et, surtout, si ça ne marche pas, ça ne se répare pas, si ?

D.S. — L'électronique c'est un bon exemple, parce que c'est moyennement « marinisé ». C'est sensible à l'humidité, aux chocs, et à moins d'être un spécialiste en informatique, on ne comprend pas toujours ce qui se passe. Tant que ça marche, c'est bien, mais dès qu'il commence à y avoir une merde, c'est problématique. Donc voilà, il faut que ça fonctionne.

S.K. — Est-ce que vous échangez beaucoup entre marins professionnels ? Est-ce que vous faites des retours d'expérience, ou chacun se débrouille ?

D.S. — Il y a vraiment deux cas de figure. Il y a des gens avec qui c'est facile de communiquer, comme avec Jean Le Cam. Il n'y va pas non plus pour gagner, il a tellement d'expérience, ça lui fait plaisir d'échanger. Il m'a beaucoup aidé sur l'optimisation du bateau d'un côté et la fiabilisation de l'autre, deux choses qui sont vraiment importantes pour lui. Avec d'autres équipes, c'est parfois plus compliqué d'échanger des informations, parce qu'elles peuvent avoir des objectifs similaires. Ou alors ce sont de grosses teams, comme *Banque Populaire*, *Charal*, *Hugo Boss*, qui visent la gagne. On est dans un autre monde. Eux vont te parler de systèmes qui coûtent tellement cher qu'ils ne seront pas à bord de mon bateau par exemple.

S.K. — Mais sur la façon d'établir les repas, la quantité de nourriture à emporter... Comment apprendre à se nourrir correctement jour après jour et tenir jusqu'au bout ? Est-ce que, dans les mois qui ont précédé, tu t'es mis en condition en mangeant ce que tu allais manger à bord ?

D.S. — Non, je n'ai absolument pas fait de conditionnement. Il n'y a pas un moment où j'ai mangé ou dormi comme pendant le Vendée Globe. C'est un conditionnement de marin. C'est impossible à faire quand on est à terre. Mais j'ai échangé avec des skippers notamment sur la nourriture. Arnaud Boissières, qui en est à son quatrième Vendée Globe, a fait des fiches. Je lui ai demandé ses tableaux Excel, il me les a donnés bien volontiers et j'ai découvert l'ampleur de la problématique. D'abord tu emportes de la nourriture pour combien de jours ? 80 ? 90 ? 100 ? Plus tu en emportes, plus c'est lourd, mais il faut bien voir un petit peu large, il ne faut pas faire n'importe quoi. Ensuite, comment tu gères ton apport en calories ? Sachant qu'on va passer par des zones très chaudes puis très froides, et inversement au retour, quelle est ma dépense énergétique selon ces moments et quel type de repas je mange quand il fait chaud ? Quel type quand il fait froid ? Il faut que mes apports journaliers répondent à mes dépenses énergétiques. Dans les climats tempérés on part sur 3 500 kilocalories et dans les mers froides on double quasiment : 7 500 kilocalories. 7 500, c'est un truc de dingue. Au début, quand on m'a dit ça, j'ai pensé qu'il faudrait que je mange toute la journée. En fait non, tu emportes juste plus d'huile, plus de gras.

S.K. — Et l'eau potable ?

D.S. — C'est une autre problématique, parce qu'on est en capacité de la produire à bord. Je suis parti des Sables-d'Olonne avec un pack d'eau. Une fois terminé j'ai fait fonctionner mon désalinisateur. J'en ai trois à bord. Deux qui peuvent produire cinq litres d'eau en une heure, c'est ma ration quotidienne, et un troisième qui est vraiment un truc de survie.

L'eau, c'est central. Si je n'ai pas d'eau, je ne peux rien faire à bord, ni boire, ni manger, parce que je ne peux pas hydrater ma nourriture.

S.K. — Les jours sont étiquetés ?

D.S. — Oui j'ai des pochettes A4 numérotées. Dans chacune est écrit ce que je vais manger dans la journée. Je vais trouver un petit déjeuner, une collation de fin de matinée, un repas du midi, une collation d'après-midi, un repas du soir et du grignotage pendant la nuit. La taille et la nature de l'enveloppe vont varier en fonction des zones que je vais rencontrer.

S.K. — Mais comment tu peux savoir que tel jour tu seras à 7 500 kilocalories ?

D.S. — On sait à peu près. Fin de première semaine, on va entrer dans les alizés, fin de la deuxième on va passer le pot au noir et attaquer les alizés du Sud au large du Brésil, et on sait qu'on va commencer à avoir froid au bout de quatre semaines, après le contournement de Sainte-Hélène. C'est pour ça que tout est déjà empaqueté.

S.K. — Quitter les Sables-d'Olonne en pleine pandémie, avec personne sur le chenal, si ce n'est la police pour interdire tout rassemblement public, c'est une drôle de façon de partir pour cette magnifique course…

D.S. — Oui. Je me faisais une joie. J'ai des souvenirs d'il y a huit ans et quatre ans. J'étais spectateur dans cette foule et je me disais que vivre ça sur un bateau, ça devait être incroyable, tu dois avoir des émotions que tu ne peux pas contrôler. Là, c'est vrai que c'était particulier. On était tôt le matin, quatre à bord du bateau, à côté il y avait deux semi-rigides avec l'équipe technique, quelques partenaires au bord du remblai du côté de La Chaume ou du côté des Sables. Il y avait les flics, je n'ai jamais été autant applaudi par des flics ! Les gens n'avaient pas le droit de sortir de chez eux avant 11 heures du matin. Alors ceux qui ont la chance d'avoir un balcon avec vue sur le chenal se sont rendu compte du grotesque de la situation. Du coup, ils ont fait tout ce qu'ils pouvaient pour faire du bruit. Ils ont hurlé, tapé sur des casseroles, ils ont écrit sur des draps qu'ils ont accrochés sur les balcons. C'est difficile de trouver des qualificatifs, mais tu avais l'impression… C'était surréaliste complet et en même temps il y avait une chape de plomb, c'était chargé d'émotion, je pouvais difficilement contenir ça. J'avais la gorge serrée, je me disais : « Mais quelle tristesse de partir comme ça. » Et une fois que j'ai quitté le chenal des Sables, j'avais envie de dire aux Terriens : « Vous allez en chier pendant encore je ne sais pas combien de semaines avec le Covid et moi j'ai la chance de partir, donc c'est plutôt à moi de vous encourager. »

S.K. — Tu franchis la ligne de départ, évidemment, tu as choisi tes options pour les premières vingt-quatre heures, et mardi tu pointes cinq fois premier !

D.S. — On avait bien travaillé les différents scénarios sur les 48-72 premières heures de course. Plus on s'approchait du départ, plus on savait à quelle sauce on allait être mangés les trois premiers jours. La situation météo n'était pas simple mais elle était assez claire. On avait deux options qui se dessinaient. L'une était gagnante *a priori*, mais dans des conditions assez dures dès le début, et l'autre était plus sûre, pas forcément perdante, et permettait de préserver sa monture. Mon objectif étant de terminer plutôt que gagner – tout en réalisant une performance quand même – dès que j'en ai eu l'opportunité, j'ai pris cette option sûre. J'ai été le premier à la prendre, d'autres m'ont suivi, et cette option Sud m'a fait apparaître en haut du classement. C'est toujours gratifiant. Et comme les journalistes n'avaient pas grand-chose à raconter à part l'actualité du Vendée Globe, ça a été un booster incroyable.

S.K. — À quel moment tu t'es senti amariné ?

D.S. — La transition s'est faite quand j'ai touché les alizés hier. J'ai l'impression d'être vraiment rentré dans la course, d'avoir fait ma mue du Terrien au Marin. Il y a encore des moments où je me demande ce que je fous là, mais c'est de moins en moins souvent. Alors que pendant toute la première semaine de course ça a été incroyablement dur.

S.K. — Pourquoi ?

D.S. — Pour plusieurs raisons. D'une, j'ai dû gérer les émotions post-départ. Et puis la course au début était très rythmée en termes de navigation. Il y avait beaucoup de manœuvres à faire, beaucoup de transitions, beaucoup de changements de trajectoire, beaucoup de changements de voile, donc assez peu de repos à bord du bateau. Du coup tu accumules de la fatigue et tu broies du noir parce que tu n'as pas les idées toujours très claires. Je me suis vraiment demandé à des moments ce que je foutais là. Est-ce que je ne serais pas mieux chez moi, quoi, c'est presque ça. Et en même temps je me disais que je n'avais pas bossé autant pour avoir des idées aussi bêtes, donc je cachais un peu ces émotions négatives. Mais il fallait bien que j'en parle à quelqu'un, donc j'appelais Tifenn. Elle a souvent les bons mots pour me motiver, me dire que ce que je vis est extraordinaire et que j'ai la chance de pouvoir le vivre. Entre l'envie de continuer et l'envie de tout plaquer, c'est hyper ténu sur cette première semaine. On est tous sur un fil.

S.K. — Justement, se projeter pendant plusieurs mois seul sur un bateau, c'est un truc de fou. Comment tu t'es préparé à ça ?

D.S. — Je pense que cette préparation, mentalement, n'est pas possible. Je suis bizuth dans le Vendée Globe, je ne sais absolument pas à quoi m'attendre pendant trois mois de solitude. J'ai eu beau en discuter avec des gens comme Jean, et d'autres qui l'ont déjà fait, c'est difficile de ramener ces sentiments à soi. Je suis dans une forme de négation de cette longueur que je vais subir. Dans ma tête, pour pouvoir contrer ça, je morcelle le parcours en différentes étapes. J'ai la première semaine de course, je sais à quoi ça peut ressembler, je l'ai déjà vécu sur des Routes du Rhum, je sais que c'est très difficile, le passage de Terrien à Marin est très compliqué. Après, qu'est-ce que je vais faire la deuxième semaine ? Je vais être dans l'alizé, très bien. Troisième semaine ? Je vais être au large du Brésil. Ensuite je vais rentrer dans l'hémisphère Sud, à quel moment ? Je pense que la solution pour ne pas se faire peur, pour ne pas avoir cette crainte d'être tout seul au milieu de nulle part, c'est de zoomer sur les endroits et les moments dans lesquels je suis. Si je regarde le planisphère en entier, ça fout la trouille. Par contre, si je zoome sur le petit morceau dans lequel je suis en train de naviguer, ça fait tout de suite moins peur. La baignoire est beaucoup moins grande, du coup j'ai moins peur de me noyer. C'est vraiment des stratégies de contournement. Si tu regardes la difficulté dans son ensemble, ça paraît inconcevable. Si je me mets en bas de l'Everest et que je regarde le sommet, je me dis que je n'arriverai jamais en haut. Alors que si je regarde le premier refuge, je me dis : « OK je peux y aller. » Et du premier refuge, je peux aller au deuxième, etc. C'est ma façon de faire. Parce que, instinctivement, je ne me sens pas de passer trois mois en mer.

S.K. — Tu es d'une nature solitaire ou pas du tout ?

D.S. — À terre, je suis assez casanier. J'aime bien être au milieu de mes proches. Je n'aime pas être tout seul, mais je n'aime pas non plus être avec trop de gens. Je ne suis pas très à l'aise quand il y a trop de monde, mais je ne suis pas très à l'aise quand je suis tout seul non plus.

S.K. — Là, tu vas franchir l'équateur, et on est en train de se parler depuis une demi-heure. C'est invraisemblable. Ça n'existait pas il y a dix, douze ans. Les marins ne parlaient pas, ou alors à leur bateau ! Aujourd'hui, tu ne coupes pas complètement le contact avec la terre. Tu parles avec ta famille, tes amis…

D.S. — Oui. Est-ce que j'aurais pu être marin et partir dans un Vendée Globe il y a vingt ans ? Je n'ai pas la réponse.

S.K. — Finalement c'est le bon moment. Tu es en solitaire mais pas complètement.

D.S. — Oui ça me convient bien. En même temps je me pose une vraie question : est-ce que le fait d'avoir cette communication ne crée pas le besoin de les avoir ? Est-ce que les marins de l'époque, qui n'avaient pas le choix, étaient beaucoup plus solitaires que ça ? Est-ce que j'ai du mal à rompre mes liens avec la terre parce que c'est dans ma nature ou est-ce parce que j'ai l'opportunité avec les moyens technologiques de les maintenir ? J'ai une petite partie de la réponse… À l'échelle d'une course de deux semaines je communique moins avec la terre. Peut-être qu'avec le temps – l'expérience – on a moins besoin de cette communication… Peut-être que je vais me découvrir en vrai solitaire et qu'au bout d'un mois de course il y aura des jours où je n'aurai pas envie de parler avec quelqu'un. Peut-être…

S.K. — Cette première semaine dont tu parles a peut-être été très dure aussi à cause de la pression que tu t'es mise. Tu aurais pu te dire, puisque tu ne pars pas pour gagner : « Je me mets en mode croisière, je ne vais pas prendre de risque, je vais juste me sortir de cette mauvaise météo et attendre, faire le dos rond… » Mais tu as préféré aller au bout de ce que tu pouvais faire et être dans le dur.

D.S. — Oui, parce que je suis régatier. Au moment du départ, tous les bateaux sont proches les uns des autres, c'est facile de se comparer… On a l'esprit de compétition, on se donne à 100 % et en plus sur ces bateaux, ces Imoca, c'est difficile de faire les choses à moitié. Tout est dur. Changer une voile c'est dur, aller vite c'est dur, mais aller lentement c'est pas simple non plus parce que tu fais des concessions énormes.

S.K. — Quel genre de concessions ?

D.S. — Déjà, mentalement, il faut accepter de se faire rattraper par les autres. Et puis, ça peut être dangereux. Si tu vas moins vite que les vagues, elles peuvent entrer dans le bateau par l'arrière et tremper jusqu'à ton duvet à l'intérieur. Le curseur n'est vraiment pas facile à placer.

S.K. — Tu es en contact avec Jean Le Cam ou avec d'autres ?

D.S. — Jean, non, mais avec d'autres oui. On a créé un groupe WhatsApp entre skippers. Personne à terre n'est au courant de ce qu'on se dit. Alors on s'échange des petits mots. Tout à l'heure, Boris Herrmann a posté une photo où il prend l'apéro avec du vin rouge et du saucisson. Clarisse Crémer a trouvé un crabe en réparant un truc dans le fond de son bateau. Elle nous a envoyé la photo de son crabe. Là c'est parti dans tous les sens. Quelqu'un a dit : « Garde-le, essaie de l'apprivoiser. » Un autre : « Tu te rends compte si tu le jettes à l'eau maintenant il va faire une chute de 4 000 mètres, ne fais pas ça ! » Ce sont des petites discussions comme ça, hors du temps, qui sont des moments complètement à nous. C'est génial parce qu'on ne parle absolument pas de la course.

S.K. — En tant que « marin d'eau douce », quand je fais ma petite traversée continent-Corse, j'ai très peur de taper un Ofni[1]. Où tu mets cette angoisse quand tu vas dormir une heure ou deux ?

D.S. — Si tu considères que tu ne peux t'endormir qu'en étant serein, tu ne peux jamais dormir ! Il faut réussir à dormir avec ses angoisses. Et ça, c'est quelque chose dont on n'a pas l'habitude. C'est du conditionnement. La rencontre avec un Ofni elle existe 100 % du temps. Que tu sois à la veille dehors ou à l'intérieur de ton bateau, le risque de taper est quasiment identique. Le fait d'être réveillé ne va pas

1. Objet Flottant Non Identifié.

minimiser tant que ça le risque de collision, à moins que ce soit un truc de la taille d'un porte-container que tu ne peux pas rater. Généralement, quand tu tapes quelque chose, tu tapes une bille de bois, un animal marin… et on va tellement vite sur l'eau que tu as peu de chance de les éviter de toute façon. Après il faut avoir intégré que la casse matérielle fait partie du jeu. Si tu es tout le temps anxieux de casser quelque chose, en effet, tu ne dors jamais. Quand tu prends un départ de Formule 1, tu sais que tu peux éclater un pneu ou faire un tonneau. Tu acceptes le risque. Je pense qu'il y a un système d'autoprotection de l'humain qui fait que tu nies les risques pour aller chercher l'adrénaline du plaisir… C'est ça que tu vas chercher. Le reste tu as réussi à le mettre de côté. Dormir, c'est obligatoire, sinon tu pètes un plomb, tu ne peux pas survivre. Tu débranches ton cerveau, tu débranches tes sens, tu dors quoi. Le truc incroyable, et c'est seulement maintenant que j'en prends conscience, c'est que tout fait du bruit à bord. Ça tape, tu as le vent, tu as les vagues… et il y a un moment où ton cerveau, « clac », il ferme les oreilles. Quelques secondes avant de t'endormir tu n'entends plus rien. Et quand tu te réveilles, il y a quelques secondes où tu n'entends rien et « clac » d'un coup tes oreilles se rouvrent. Ton cerveau gère quelque chose en totale autonomie. C'est génial.

S.K. — Le bruit dans les Imoca, beaucoup de marins en témoignent, c'est infernal, ça cogne, ça cogne, et je me demandais pourquoi ils ne mettent pas des boules Quies…

D.S. — Je pense que l'être humain est capable de s'habituer à tout. La question des boules est intéressante. Le bruit fait partie de mon environnement. J'ai appris à connaître les sons du bateau, je les connais par cœur. Au moindre son inhabituel, qui n'est pas forcément plus fort qu'un autre, je sais qu'il faut que j'aille voir ce qui se passe. Est-ce que c'est une voile qui claque, est-ce que c'est une poulie qui a cassé, est-ce que c'est un bout[1] qui a frotté… On développe une oreille sélective. Entre les milliards de sons hyper corrosifs, on arrive à détecter les bruits qui vont nous alerter. Même pendant le sommeil, ils vont nous réveiller. C'est vraiment du conditionnement.

S.K. — C'est ce que tu appelles « passer du Terrien au Marin » ? Ça fait partie du processus, le corps qui se met en harmonie avec le milieu ?

D.S. — Exactement. Je pense que si je dors à terre et que tu me mets, à côté, les bruits de mon Imoca, je serai incapable de dormir. Alors que je le fais sur le bateau. C'est cet état de transition qui est plus ou moins long selon les personnes, le type de course, etc. C'est ce changement d'état qui te fait accepter ces difficultés. Avoir du bruit tout le temps, se faire mal, ne

1. Bout : prononcer « boute », cordage. Sur un bateau la tradition veut qu'on ne prononce pas le mot corde qui rappelle celle qu'on utilisait pour pendre les mutins.

pas sentir bon parce que tu ne peux pas te laver tous les jours, manger des plats qui ne sont pas toujours super géniaux… Oui, on peut s'habituer à tout à partir du moment où il y a un objectif qui dépasse tout ça et qui te permet de l'endurer.

S.K. — Et d'endurer les problèmes techniques…

D.S. — Oui. J'ai eu plein de petites merdes. À commencer par embarquer de l'eau de mer dans le moteur. Ces bateaux ne sont jamais prêts à 100 %. Ça reste des prototypes. Les trois semaines avant le départ, aux Sables-d'Olonne, on a continué à travailler à préparer le bateau, surtout que le premier confinement nous avait mis un peu en retard. D'habitude, je vérifie tout. Sauf que j'ai été confiné pendant dix jours et je n'ai pas pu. Et il y a un système tout con. Le désalinisateur, qui fabrique l'eau douce, il prend l'eau de mer, il met l'eau douce d'un côté dans un bidon et il rejette l'eau de mer avec le surplus de sel à l'extérieur du bateau. On avait mis un système de couplage, avec un autre truc pour que ça s'évacue à l'extérieur. Mais c'était mal monté et au lieu de s'évacuer à l'extérieur c'est rentré dans le système d'évacuation des gaz d'échappement du moteur. Du coup j'ai rempli mon moteur d'eau de mer. Je m'en suis rendu compte parce que mon waterlock, une boîte qui collecte les gaz d'échappement, a explosé dans le bateau sous la pression de l'eau. Donc la problématique c'est quoi ? D'une, tu as mis de l'eau dans le moteur. C'est pas génial. Au lieu de faire un tour du monde avec de l'huile propre, tu vas faire un tour du monde avec de la mayonnaise dedans. Ensuite, j'avais mis mon moteur en pression. C'est-à-dire que si je n'avais pas eu le réflexe de le démonter, enlever les bougies de préchauffage, etc., mon moteur aurait été sous pression et aurait pu exploser si je l'avais remis en marche directement. Et là, c'était la catastrophe. Heureusement j'ai pu appeler mon équipe technique à terre qui m'a confirmé la problématique et on a mis au point une procédure pour que je puisse réparer. Malheureusement, aujourd'hui, j'ai ce problème, je sais que je vais fonctionner avec de la mayonnaise à la place de l'huile pure. Alors tout le monde me dit « ça doit fonctionner, ça doit tenir un tour du monde », mais le problème c'est « ça *doit* ». Personne ne me dit « ça *va* tenir ». Et la différence est énorme. Elle fait que, ouais, ça peut s'arrêter du jour au lendemain.

S.K. — Et le moteur tu en as besoin de façon vitale pour l'énergie, la communication et l'eau.

D.S. — Oui. Pour l'énergie. C'est central. C'est elle qui permet de communiquer, effectivement, qui me permet de produire l'eau, de faire fonctionner les instruments, mon pilote automatique. Si je n'ai pas d'énergie, c'est même pas la peine. En double, tu peux peut-être t'en sortir, en solitaire, tu tiens deux jours, et après tu es mort. Tu peux au mieux trouver un abri, rejoindre la côte la plus proche, mais tu ne peux pas continuer la course. Le moteur permet de recharger les batteries, oui, mais ce n'est pas mon seul moyen de fournir de l'énergie. Il y a aussi des hydrogénérateurs derrière, des espèces d'hydroliennes qui sont dans l'eau et qui utilisent la vitesse de déplacement du bateau pour produire l'énergie, j'ai des panneaux solaires, mais mon troisième type de production c'est effectivement le moteur, qui est couplé avec un alternateur. Quand je fais tourner le moteur, bien évidemment ça n'entraîne pas l'arbre d'hélice, ça, on n'a pas le droit, d'ailleurs c'est plombé pour la course. Mais ça produit de l'énergie. Ça produira aussi de la chaleur, quand je serai dans le Sud. C'est pas inintéressant.

S.K. — Et ça, tu l'as nettoyé ? Pendant les premiers jours, avec 30 nœuds de vent ?

D.S. — Oui, il a fallu que je fasse assez vite les premières bricoles d'urgence, dans des conditions qui n'étaient pas idéales pour bricoler dans un bateau. Depuis, on a refait un check avec l'équipe technique. Ça va, le moteur tourne. Pour l'instant je n'ai pas de problème.

S.K. — Mais tu le sollicites peu.

D.S. — Oui, je le sollicite moins que ce que j'aurais fait d'habitude parce que je sais que je vais vivre la course avec cette épée de Damoclès au-dessus de la tête. Et je n'ai pas que celle-là d'ailleurs. Mais au niveau de l'énergie, je sais que mon moteur n'est plus à 100 % de son potentiel.

S.K. — Tu as d'autres épées de Damoclès ?

D.S. — Ah oui ! Le risque de casse mécanique. Il est permanent sur un bateau comme ça. Là, tout va très bien, mais dans deux secondes, dans six heures, dans cinq jours, peut-être jamais, le mât peut finir par terre. Ce matin Nicolas Troussel a perdu son mât, Maxime Sorel a touché un Ofni avec sa quille. Voilà, cinq secondes avant le choc, tout allait bien. Tu vis avec ce risque permanent.

S.K. — Comment on peut perdre son mât dans les alizés, où les vents ne sont pas du tout extrêmes ?

D.S. — C'est vrai, c'est pas extrême. Mais nos bateaux, quand il y a 20 nœuds de vent, ils vont à 20 nœuds de vitesse. Et encore plus sur les bateaux à foils. Et plus tu vas vite, plus les chocs avec la mer sont sollicitants pour la structure du bateau et pour le marin à l'intérieur du bateau. Forcément tu as une énorme usure prématurée des choses. Et on est dans un environnement qui est tellement variable qu'on n'arrive pas à tout mesurer. C'est ce qui fait aussi la beauté de ce sport. Si tout était écrit, paramétrable et tout ça, on ferait peut-être de la nav[1], mais pas de la voile.

S.K. — Cette première semaine a été difficile, dure, décourageante d'entrée.

D.S. — Oui, et je ne t'ai pas tout dit… Mardi matin, je suis en tête, j'arrive sur les côtes espagnoles,

1. Nav : tout ce qui a trait à la stratégie de la navigation, les choix de routes en fonction de la météo.

c'est la fin de la nuit, je suis éveillé à bord du bateau, je vois les lumières sur la côte… et d'un coup je sens que mon bateau ralentit. Je regarde les données de performance et je suis à 50, 60 % du potentiel du bateau. Je prends ma lampe torche, je fais le tour, je vois que c'est pas les voiles. Je regarde le bateau, je vois qu'il n'y a rien. Donc ça se passe sous l'eau forcément. Mais il fait encore nuit noire, je ne peux pas voir si je me suis pris un filet de pêcheur ou autre. Donc j'arrête le bateau, je fais une première marche arrière, je repars. Non, c'est toujours un truc sous l'eau qui me ralentit. J'en fais une deuxième une demi-heure après, toujours rien, ça ne repart pas.

S.K. — Attends, attends, comment tu fais une marche arrière à la voile ?

D.S. — Tu ralentis le bateau, tu roules ta voile avant, tu gardes ta GV[1] en l'air face au vent, et ensuite c'est un équilibre que tu trouves à la barre. Le bateau recule tout seul avec le vent, quasiment à 1/2 ou 1 nœud de vitesse. Donc là, le soleil se lève, je m'allonge à plat ventre dans le cockpit[2], je m'attache les jambes, je sors le buste à l'extérieur du bateau, je mets mon masque et sous l'eau je vois un énorme orin[3] de pêcheur, un cordage qui doit faire 10 centimètres de diamètre et 15 mètres de long, pris dans

1. GV : Grand-Voile.

2. Cockpit : partie extérieure du pont arrière au sortir de l'habitacle, là où le marin manœuvre le bateau.

3. Orin : cordage qui relie un filet à un flotteur.

ma quille. Et en plus tout au bout, à 4,50 mètres de profondeur. Je vois les autres à côté de moi, Jean Le Cam, Maxime Sorel, et ils sont en train de me doubler. Je sais qu'il n'y a pas beaucoup de vent à ce moment-là mais qu'il va se lever rapidement. Je me fais tout le schéma. Je suis en fin de nuit, je suis fatigué. Il faut que je réagisse rapidement parce que si le vent rentre je ne pourrai plus maintenir mon bateau à l'arrêt. Si je suis dans l'eau et que mon bateau avance, je ne peux plus remonter dessus. Si je dois intervenir, c'est maintenant. Je me mets en slip de bain, j'attrape mes palmes, je mets mon masque, je saute à l'eau, je descends à 4,50 mètres, j'enlève le nœud autour de la quille, je remonte à bord, et voilà, fin de l'histoire.

S.K. — Il marche à combien pendant que tu fais ça ?

D.S. — Je l'ai arrêté, je sais que ça va bien se passer, mais tu peux toujours avoir du vent qui arrive de nulle part, qui traîne un peu dans les voiles et qui fait avancer le bateau. Et ces bateaux-là avancent toujours plus vite que ce que tu es capable de nager. Dernière chose à mettre en perspective et pas des moindres, je suis un très bon nageur, certes, mais je fais partie de la génération *Dents de la mer*. Quand je ne vois pas le fond, il y a un requin en dessous. J'ai peur des profondeurs. Pour moi, sauter dans l'eau quand je ne vois pas le fond, c'est absolument contre-nature. Je suis flippé. C'est-à-dire que quand je le fais, je pose mon cerveau sur le bateau, je mets mes palmes, je plonge à l'eau, je fais ce que j'ai à faire, je remonte sur le bateau, et là je reconnecte mon cerveau. Sinon je n'y arrive pas.

S.K. — Mais comment tu as défait ce nœud, avec une seule main en plus ?

D.S. — C'était pas super compliqué. Et je sais que j'ai peu de temps devant moi, il faut que j'y arrive, je n'ai pas le choix. J'ai obligation de le faire, obligation de l'enlever pour continuer la course, la question ne se pose pas. Je suis dans un état second. Donc je plonge. J'ai avec moi un couteau au cas où j'en aurais besoin. Là, j'ai réussi à défaire le nœud à la main, à prendre appui sur la quille, à utiliser la force de mes jambes et de mes bras pour défaire le truc et ça s'est bien passé. À une petite bêtise près…

S.K. — Quoi donc ?

D.S. — Il y a une règle qui veut que si, pour une raison ou une autre, on n'est plus sur le pont ou à l'intérieur du bateau, qu'on est en haut du mât ou dans l'eau pour faire une réparation par exemple, il faut prévenir la direction de course de ce qu'on va faire et du temps qu'on se donne pour le faire. Tu donnes l'heure de début et tu rappelles à la fin. Si tu ne rappelles pas, ils déclenchent les secours. En plus ils voient quand on s'arrête… Et là j'étais tellement concentré sur l'affaire que j'ai oublié de prévenir. J'ai appelé Tifenn, mais après, quand j'étais remonté. Et elle m'a engueulé parce que je n'avais pas alerté…

S.K. — Et là ils n'avaient pas vu que tu t'étais arrêté…

D.S. — Non, ça s'est fait très vite…

S.K. — En tout cas ça a dû être super lourd à enlever, cet orin, parce que c'est des bouts énormes !

D.S. — Oui mais dans l'eau ça n'a pas de poids. Ça flottait entre deux eaux. J'avais juste à défaire le nœud et après le truc a dérivé à côté du bateau. Évidemment, je ne l'ai pas remonté à bord. Ça aurait été trop lourd.

S.K. — D'autres problèmes ?

D.S. — Je dois avoir une fuite d'huile dans mon vérin de quille aussi. C'est vraiment lié au passage du front où le bateau a énormément tapé, avec beaucoup de vibrations. Un écrou s'est desserré sur le vérin de quille et j'ai perdu deux litres d'huile. C'est problématique parce que c'est un circuit fermé hydraulique. Si je n'ai plus d'huile dedans, je ne peux plus me servir de l'angulation de ma quille. Heureusement, j'avais un bidon avec trois litres d'huile de *spare*[1] et j'ai pu en remettre, même si c'est une petite galère à faire.

S.K. — C'est si compliqué de remettre de l'huile ?

D.S. — À quai, c'est très simple, mais en navigation, tout se complique. Tu es au fond, allongé, tu

1. *Spare* : réserve.

tiens ton bidon à bout de bras, tu essaies de ne pas foutre de l'huile partout. Mais tout ça c'est des petites emmerdes. Le bidon, on l'emmène par sécurité. Mais tu te dis, voilà, au bout de 48 heures de course, tu utilises déjà ton *spare*, faut que ça tienne trois mois et, en 48 heures, tu l'as déjà grillé. C'est extrêmement frustrant.

S.K. — Il y en a pour combien de temps à peu près dans les alizés ? On a l'impression que les alizés c'est la période douce. Visiblement, on se trompe.

D.S. — Douce, oui, enfin pas tant que ça. Elle est plus facile parce qu'il fait beau, chaud, parce que le bateau est au portant[1] et que c'est plus agréable d'avoir un bateau au portant, ça va plus vite. Mais c'est quand même sollicitant. J'en ai encore pour une grosse dizaine de jours, presque deux semaines. L'alizé, le contournement de l'anticyclone de Sainte-Hélène, tout ça à peu près dans les mêmes conditions…

S.K. — Eh ben, entre la dépression des premiers jours, l'eau de mer dans le moteur, l'orin pris dans la quille, la fuite d'huile du vérin… Voilà une première semaine bien remplie !

1. Au portant : regroupe les allures de travers à vent arrière.

Semaine 2

Le pot au noir

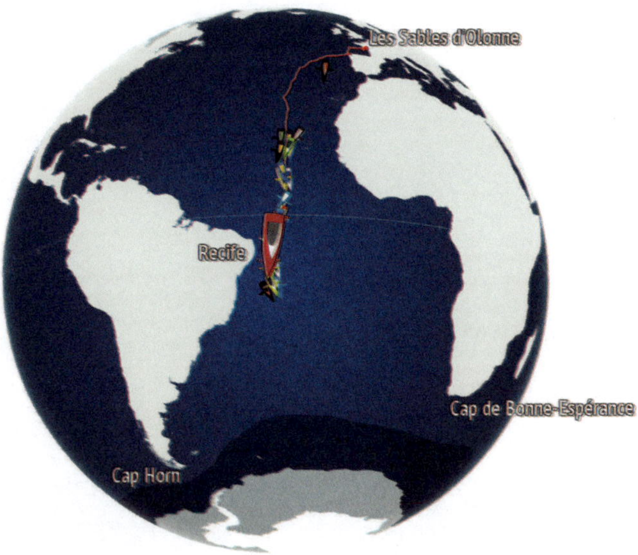

Vendredi 20 novembre 2020,
18 h 35

Vent : 14 nœuds
Vitesse : 14,2 nœuds
Cap : 205°
Température : 26°
Vagues : 2 mètres
Classement : 12e

Sam Karmann — Alors, où tu en es ?

Damien Seguin — Hier, en début d'après-midi, j'ai passé l'équateur. J'ai la tête en bas pour deux mois. C'est un passage symbolique, à plusieurs titres. Ça fait toujours plaisir de passer l'équateur, on bascule dans un autre monde. Et surtout ça veut dire qu'on en a fini avec le pot au noir, dont la traversée est toujours fastidieuse. Bien que cette année ça n'ait pas été trop compliqué. Je suis désolé, j'utilise encore ce mot mais... dans le bouquin on ne l'utilisera pas. Le pot au noir ça vient de l'époque des négriers, quand ils ramenaient des esclaves dans les bateaux, et qu'ils se retrouvaient dans cette zone intertropicale, dans la pétole[1]. Il faisait une chaleur à crever, ceux qui étaient malades finissaient par mourir en fond de cale et ils les balançaient par-dessus bord. C'est pour ça que ça

1. Pétole : absence de vent.

s'appelle « pot au noir ». C'est hyper péjoratif et ça nous ramène à une époque qu'on aimerait bien ne pas oublier, mais ne pas mentionner non plus.

S.K. — On peut aussi se dire qu'en l'utilisant on ne l'oublie pas justement.

D.S. — Oui, mais en tout cas, si on l'utilise, il faut rappeler le contexte.

S.K. — Absolument. Tu viens de le faire. Et comme ça le lecteur s'en souviendra.

D.S. — Tout ça pour dire que ça n'a pas été de tout repos non plus. J'ai eu des grains à 30 nœuds, avec de la grosse, grosse pluie. Tu crains un peu pour le matériel. Mais je ne me suis jamais arrêté dans du calme pendant des heures et des heures comme ça a pu être le cas l'année dernière[1].

S.K. — Moi aussi j'ai passé l'équateur (sur Virtual Regatta), je te signale que je suis à 100 milles[2] devant toi au même cap.

D.S. — Ah là là ! C'est pas normal ça !

S.K. — Tu as sorti le champagne en passant l'équateur ?

D.S. — Je ne suis pas très alcool, je n'en ai pas du tout apporté sur le bateau. À moins que pour Noël

1. Transat Jacques Vabre, 2019, disputée en double avec Yoann Richomme.
2. 1 mille = 1,85 km.

ou le jour de l'an il y ait une surprise dans les sacs de nourriture ! J'ai quand même fait une offrande à Neptune et à Poséidon. On parle toujours de Neptune, mais il ne faut pas oublier Poséidon, il y a un Latin et un Grec ! Je leur ai offert une pomme fraîche. C'était une des dernières qui me restait et qui n'était pas trop abîmée. Je leur ai offert une pomme parce que je me suis dit que sinon ils allaient attraper le scorbut.

S.K. — Tu l'as mangée quand même ! Et tu as balancé le trognon…

D.S. — Pas du tout. J'ai eu une petite pensée et j'ai jeté la pomme.

S.K. — Sympa… Tu as réglé tes soucis à bord ?

D.S. — J'ai réussi à réparer ma fuite de gasoil qui me pourrissait un peu la vie, mais j'ai une fuite d'eau dans ma zone de quille. Tous les jours j'enlève cinq litres d'eau de mer et je n'ai toujours pas trouvé d'où ça vient. Rien de dramatique pour l'instant mais c'est toujours énervant. Je passe une demi-heure tous les jours à essayer de trouver la fuite et je ne la trouve pas. Il y a plein d'accastillage[1] de secours à cet endroit-là, peut-être qu'en tapant une petite fissure s'est produite à un endroit. C'est pas beaucoup d'eau, cinq litres par jour c'est vraiment du goutte à goutte, c'est pas une grosse fuite, mais je trouverai !

1. Accastillage : ensemble des accessoires de pont qui servent aux manœuvres des voiles.

S.K. — Cette semaine tu n'as fait que du cap et du réglage, mais j'ai vu que tu n'avais pas viré de bord.

D.S. — C'est exact. Depuis qu'on s'est parlé dimanche dernier, je suis toujours bâbord amure[1]. J'étais au portant quand on s'est parlé et là je suis travers au vent mais toujours bâbord amure. Le vent adonnant[2], j'ai toujours le même réglage de voiles et le même angle par rapport au vent. Ça va me ramener le long des côtes du Brésil. Les seules choses que j'ai changées ce sont les voiles à l'avant, pour m'adapter mieux aux différentes forces de vent que j'ai rencontrées. Il fait 30 degrés à l'extérieur, et encore plus chaud à l'intérieur du bateau. On avance assez vite, ça mouille beaucoup sur le pont et je ne peux pas ouvrir le capot pour ventiler. À l'intérieur, c'est super humide, super chaud. Le bateau est penché à une vingtaine de degrés. J'ai GV haute, j'ai la toile qu'il faut, ça avance plutôt bien. C'est assez agréable, il n'y a pas trop de mer, ça ne tape pas beaucoup. J'en profite pour récupérer un peu de repos. La nuit j'arrive relativement bien à dormir, par séquences d'une heure à chaque fois, et la journée je m'octroie quelques siestes aussi. On en discutait justement sur le petit groupe WhatsApp qu'on a créé entre

1. Amure : le côté dont le voilier reçoit le vent en premier. En fonction on dit qu'il est bâbord amure (à gauche) ou tribord amure (à droite).
2. Adonnant : le vent tournant dans la direction souhaitée, le bateau décrit une légère courbe au fur et à mesure.

skippers, on se disait qu'on était dans une période assez sympa.

S.K. — C'est pas un peu pénible d'être toujours penché du même côté, bâbord amure depuis des jours et des jours ?

D.S. — Si ! C'est un peu lassant de vivre tout le temps penché. D'abord on n'est pas des dahus, ça c'est sûr, et puis, mine de rien, 20 degrés de gîte[1], ça rend les déplacements dans le bateau un peu difficiles. Pour cuisiner par exemple, même si je cuisine sommairement. Rien n'est vraiment simple. Comme il fait très chaud, je suis beaucoup pieds nus et, pieds nus, tu glisses plus vite. Il faut faire vraiment attention quand je me déplace.

S.K. — Ça ne crée pas un déséquilibre au niveau de l'oreille interne d'être toujours penché comme ça ?

D.S. — Certainement. Des fois je suis dans le bateau, je regarde la mer par derrière et je vois l'horizon, mais si je regarde vers l'avant je n'ai aucune indication de l'horizontalité. Je peux difficilement évaluer le taux de gîte du bateau. Et de fait, tu es un peu paumé. Alors je regarde derrière et je me dis « ah ouais, d'accord, c'est bien penché ». Surtout quand tu te réveilles de la sieste, en position allongée, tu es un peu perdu à ce moment-là.

1. Gîte : inclinaison latérale du bateau sous la force du vent.

S.K. — À part dormir, qu'est-ce que tu fais de ce temps ? Où t'emmènent tes rêveries ? Tu as emporté des films, des livres… ?

D.S. — J'ai passé les premiers jours à me reposer, à récupérer. Après, même si les conditions de navigation sont plus cool on est quand même sur un rythme assez élevé. Je minimise mes déplacements à l'intérieur, parce qu'à 20° de gîte, même s'il n'y a pas une grosse mer, ça tape quand même un peu. Mais il fait chaud donc, là, je suis en short. Je n'ai même pas de tee-shirt. J'ai pu commencer à faire un peu autre chose que de la navigation, un peu de lecture. J'ai apporté quelques magazines, je ne les ai pas tous lus encore. Par exemple, j'ai sorti un « questions et réponses » de *Ça m'intéresse*, c'est sympa. J'en ai apporté plusieurs, des magazines de ce style, assez faciles à lire. J'ai des *Sciences et Vie* aussi, parce que je suis plutôt scientifique dans l'âme. J'ai des sudokus, des mots croisés, c'est bien aussi pour passer le temps. J'ai pris une petite série, *F1*, faite par Netflix. Il y a des images de Formule 1 exceptionnelles. Et une série française qu'on m'a conseillée mais que je n'ai pas encore commencée, *Family Business*. Ce qui est bien avec les séries c'est qu'un épisode dure 40 minutes. Je ne suis pas bloqué pendant une heure ou deux devant mon écran. Parce qu'il faut aussi que je vérifie la navigation de temps en temps ! Sinon, oui, j'ai amené des bouquins mais je ne les ai pas commencés.

S.K. — Quels bouquins ?

D.S. — *Victoire au Mans*[1], *Mamie Luger*[2] et le premier tome des *Enfants de la Terre*[3].

S.K. — Comment se fait-il qu'avec cette chaleur tu passes plus de temps dans le bateau qu'à l'extérieur à respirer le bon air ?

D.S. — Je suis beaucoup à l'extérieur, mais pas exposé. Je reste sous ma casquette[4] de cockpit. Au moins il y a un peu de ventilation et je suis abrité des embruns. Parce que dès que tu sors de la casquette tu te prends des vagues dans la tronche. C'est marrant un moment, mais tu en as vite marre d'être trempé. Surtout qu'il y a une donnée importante à ce stade de la course. On vit vraiment dans une humidité permanente. La peau n'est pas encore complètement prête à ça. On peut développer certains petits problèmes. Les échauffements, les panaris, les petites escarres… Au niveau des plis cutanés, l'humidité peut provoquer des petites infections. Il faut faire gaffe à essayer de se sécher au maximum, parce que le sel, mine de rien, ça attaque bien la peau.

S.K. — Tu as la possibilité de te rincer ? Comment ça se passe au niveau de l'hygiène ?

1. *Victoire au Mans*, Bernard Clavel, éd. Robert Laffont.
2. *Mamie Luger*, Benoît Philippon, éd. des Arènes.
3. *Les Enfants de la Terre*, de Jean M. Auel, éd. Pocket.
4. Casquette de cockpit : protection au-dessus du cockpit contre le soleil et les embruns.

D.S. — C'est un vaste sujet. Ce sont des conditions particulières. Je ne peux pas prendre de douche tous les jours, forcément. Quand je me lave, c'est dehors, au seau, avec de l'eau de mer. Et il faut que j'arrive à me rincer avec un demi-litre d'eau douce, parce que l'eau douce c'est précieux. Je me rince juste pour enlever le sel. J'ai du talc aussi. C'est important de pouvoir en mettre sur les fesses, les plis cutanés, pour sécher mieux, le temps que la peau se durcisse un peu. À la fin de la première semaine de course, que ce soit sur une croisière ou une transat, ça fait toujours la même chose. Comme on a manipulé beaucoup de bouts, on commence à avoir de la corne sur les mains. Et sur les pieds aussi, parce que là, par exemple, je suis pieds nus, les cristaux de sel vont rentrer dans les peaux mortes, dans la corne du pied et de la main, et gonfler. En l'espace de trois, quatre jours ça fait super mal. Ça dure trois, quatre jours, et après le corps s'habitue à cette sensation assez désagréable. Je viens de passer cet épisode-là et c'est pas facile de tenir les bouts. Tu as mal tout le temps.

S.K. — Et c'est pas envisageable de porter des gants ?

D.S. — Les gants, c'est toujours pareil, ils finissent par être mouillés, ça fait gonfler les peaux mortes aussi. Et le piège à éviter c'est de se rincer les mains à l'eau claire. Parce que si tu le fais, l'eau fait gonfler encore plus le sel. Tu as la main qui double de volume et tu ne peux plus fermer les doigts.

S.K. — Tu as suivi un genre de formation médicale pendant ta préparation ?

D.S. — Oui, mais pas pour ça. C'est vraiment des trucs d'expérience. J'ai rarement vu un autre skipper en parler. Sur les différentes sorties que j'ai faites, en voyant comment mon corps réagissait, j'ai pu m'adapter moi et adapter ma pharmacie de bord. Trouver la bonne crème pour les fesses, par exemple, j'ai galéré pendant des années. Avant je partais avec du Mitosyl, la crème pour les bébés qui sent la morue. Mais au bout d'un moment j'ai fait des allergies. Je suis allé dans les pharmacies, j'ai discuté avec les pharmaciens, j'ai essayé des trucs. Aujourd'hui j'ai une crème qui me va très bien. Mais tout ce processus de la corne, du sel et tout ça, ça n'apparaît que sur le bateau, c'est vraiment en condition qu'on sait si ça marche.

S.K. — Pendant cette période plus calme, tu communiques toujours autant avec ta famille, la team, le monde extérieur ?

D.S. — Je communique un petit peu moins avec la famille. Je l'ai fait beaucoup la première semaine parce que j'étais dans le dur. C'était ma seule bouée. J'avais du mal avec cet arrachement, je me raccrochais à eux. Je le fais un petit peu moins, mais par contre on discute plus entre skippers. On a tous un petit peu plus de temps, on sait qu'on est entre nous, on a tous passé cette première semaine un peu difficile, on discute. Là, juste avant de t'appeler, je discutais par WhatsApp avec Boris Herrmann, de la team Malizia. Il me parlait du comportement de son bateau, des trucs un peu techniques mais qui m'intéressent beaucoup. On ne discute absolument pas de stratégie. La dernière fois Clarisse (Crémer) venait de recevoir un article très intéressant sur une mission scientifique dans les terres australes : comment est renouvelé le personnel là-bas avec la problématique du Covid. L'article était super long, elle nous l'a partagé sur le groupe, c'était excellent. C'était super sympa de s'accorder une vingtaine de minutes sur un sujet que je n'aurais jamais lu sinon.

S.K. — Ce groupe WhatsApp vous l'avez décidé au départ, avant de quitter les Sables ?

D.S. — Oui, ça s'est fait dans les deux semaines avant de partir. Justement, c'est Boris Herrmann qui a proposé ça. C'est quelqu'un d'assez sociable. Presque tout le monde y est. Tout le monde ne participe pas aux discussions, mais on est une bonne dizaine à alimenter le groupe régulièrement.

S.K. — Tous les skippers voient la discussion ?

D.S. — Oui. On sait qu'on ne peut pas dire du mal les uns des autres, mais on peut dire du mal des gens qui sont à terre !

S.K. — Tes choix d'équipement du bateau ont été dictés par le budget ? Ou, avec le même budget, d'autres skippers auraient fait d'autres choix ?

D.S. — On peut distinguer plusieurs types d'équipements. Il y a les obligatoires, qui dépendent de la sécurité du bateau et de la jauge. Ce sont des Imoca, c'est une jauge bien précise avec certains critères. S'ils ne respectent pas ces critères, ce ne sont plus des Imoca, et ils ne peuvent plus participer au Vendée Globe. Une partie du budget est consacrée à ces règles, donc on peut dire que tout le monde fait à peu près les mêmes investissements. Mais après, on fait certains choix techniques. Par exemple, on a le droit d'amener huit voiles à bord. Dans les huit, il y en a une obligatoire, c'est une voile de sécurité. Pour le reste on fait ce qu'on veut. Moi j'ai choisi les sept autres voiles[1] qui correspondent à mon bateau, à ma façon de naviguer, et à la façon dont je perçois ce tour du monde. Sur l'équipement informatique, électronique, etc., on a tous des choses un peu différentes. Ça peut dépendre d'un choix du skipper ou d'un choix en fonction du budget. Ou les deux.

S.K. — Tu as des dérives rétractables de chaque côté, d'autres ont des foils. Pourquoi ce choix ?

1. Choix de voiles de Damien : Grand Voile 170 m^2 ; J3 55 m^2 ; J2 95 m^2 ; J1 120 m^2 ; Petit gennaker 180 m^2 ; Grand gennaker 300 m^2 ; Trinquette de portant ou Mule 95 m^2 ; Tourmentin 20 m^2 (obligatoire).

D.S. — Mon bateau date de 2008, il a été conçu à une époque où les foils n'existaient pas. Quand je l'ai récupéré, s'est posée la question de le transformer. Dans le budget, ça pouvait passer, mais ça coûtait quand même très cher. J'aurais dû dépenser tout le budget. J'ai préféré améliorer l'ensemble du bateau et racheter juste de meilleures dérives. C'est une partie des décisions à prendre. L'autre partie vient du fait que c'est mon premier Vendée Globe. Il faut que je maximise les chances de le terminer. Les foils, ce sont des éléments externes au bateau et donc, potentiellement, tu peux avoir plus de problèmes avec des Ofnis, parce que c'est plus large que le bateau. Tu peux plus facilement casser. On a pesé le pour et le contre et on a choisi de partir sur un bateau optimisé, à dérives.

S.K. — Mais, en ce moment, où vous êtes sur une autoroute, où personne ne prend de risque, où tout le monde est sur le même bord… sur les dix premiers, il n'y a qu'un seul bateau sans foils. C'est Jean Le Cam qui est quatrième. Question : est-il impératif d'avoir des foils pour être compétitif ?

D.S. — Complètement. On savait que les foils apportent un vrai plus en termes de performance. Sur cette ligne droite, les gars vont entre deux, trois ou quatre nœuds plus vite que nous. C'est énorme. Ils nous mettent un caramel pas possible. Même ceux qui avaient mal joué le coup la première semaine sont revenus et sont en train de nous doubler. Ça peut paraître frustrant, mais je ne le vis pas mal parce que ce sont des choix que j'ai faits, et en toute connaissance de cause. Je suis capable de les assumer complètement. Et on n'est pas encore dans des conditions difficiles. Peut-être que dans des conditions difficiles, ils auront un peu plus de mal avec les foils. Je ne veux pas dire que je repasserai devant eux, mais la navigation sera peut-être moins facile pour eux, il y en a peut-être même qui casseront, qui seront obligés d'abandonner. L'avenir nous dira comment ça se passe pour eux. Je suis dans la deuxième division avec les bateaux à dérives, mais ça reste la même aventure.

S.K. — Comme tu l'as dit dès le début, toi tu veux finir avant tout. Tu as donc sécurisé ton bateau. Et si tu arrives dans deux mois et demi aux Sables-d'Olonne, ton classement n'aura pas d'importance.

D.S. — Exactement. C'est là que j'ai placé l'essentiel de mon aventure. Dans le fait d'arriver. Mais, franchement, comme on a quand même bien amélioré le bateau, au niveau performance, je trouve que c'est pas ridicule. Il y a quand même pas mal de foilers derrière. Et en améliorant mon bateau, on a réussi à être plus performants que certains bateaux à dérives, qui étaient meilleurs que le mien avant. Donc il y a une belle compétition à jouer en milieu de tableau pour moi.

S.K. — Est-ce que cet objectif ne risque pas de changer compte tenu de l'évolution de la course et de ce qui va se passer ?

D.S. — Oui, on peut imaginer plein de scénarios. Si ça se trouve, dans un mois, je serai encore très bien placé et je serai pris par l'esprit de compétition. Je me donnerai à 100 % de mon potentiel. Et si ça se trouve, j'aurai un ennui mécanique et je serai obligé d'aller à 80 % du potentiel du bateau. Et entre ces deux-là il y a encore plein d'autres possibilités. Les aléas de la course vont vraiment dicter leur loi et ils vont dicter aussi l'engagement que je suis capable de mettre dedans ou pas. Pour l'instant je suis à fond.

S.K. — Tu n'as rien vu de particulier, depuis dimanche, des animaux marins, des levers de soleil…

D.S. — Les nuits sont très, très noires depuis le début de la course, il n'y a pas de lune. Quand on a la chance d'avoir un ciel dégagé, quand il n'y a pas de pollution, les étoiles dans le ciel, c'est magique. Les animaux, à part des poissons volants et quelques dauphins, je n'ai vraiment pas vu grand-chose. Quelques oiseaux sont venus depuis ce matin, je vois que je me rapproche des côtes du Brésil, je ne sais pas exactement ce que c'est, des espèces de grandes frégates de mer. Ils pêchent autour du bateau. Je dois effrayer un peu les poissons, ça doit les aider à les repérer. Sinon, les levers de soleil, comme les couchers, sous ces latitudes, ils sont très rapides. Il ne faut vraiment pas se rater si on veut voir un lever de soleil.

S.K. — À propos de ta famille, tu dis que tu as moins appelé mais je suppose que tu as quand même des nouvelles. Tes enfants ont quel âge ?

D.S. — Etann a 14 ans, il est en 3e et Marjane a 10 ans, en CM2. J'ai Tifenn au téléphone au moins une fois par jour, ça c'est sûr. Ça va s'estomper au fur et à mesure. Je vais peut-être l'appeler une fois tous les deux jours, puis une fois tous les trois jours… On s'envoie aussi des petits messages WhatsApp. Avec les enfants, on a décidé qu'on faisait une visio une fois par semaine. On l'a fait mercredi, j'étais tout content de pouvoir les voir, eux aussi, mais après je sais qu'ils en parlent beaucoup à l'école, ils me suivent. Marjane surtout. Etann il est au collège, c'est un ado, il a d'autres problématiques. Je sais qu'il me suit mais il a sa vie de garçon à mener.

S.K. — J'entends que tu en profites pour manger ?

D.S. — Oui. Je suis en train de manger quelque chose de très, très bon. Mes parents, qui habitent en Guadeloupe, ont des mangues et des petites bananes dans leur jardin. Ma maman les a fait sécher, elle les a mises sous vide et là j'ai des petits sachets. Hier je me suis mangé un sachet de mangues succulentes et là je mange les petites bananes, qui sont pas dégueulasses. C'est un petit régal, ça me rappelle mes années antillaises.

S.K. — Je ne savais pas que tes parents vivaient aux Antilles.

D.S. — J'ai grandi dix ans là-bas, de 10 à 20 ans. Et ils y habitent encore. Ma maman aime beaucoup m'envoyer des trucs dans mes compétitions, de la noix de coco, de la mangue, de la banane.

S.K. — C'est en Guadeloupe que tu as découvert la voile alors ?

D.S. — Exactement.

S.K. — Tu es né dans les alizés.

D.S. — Non, je suis né dans les montagnes, à Briançon.

S.K. — Bon, je te laisse avec tes petites douceurs…

D.S. — J'ai une toute petite anecdote encore. Dans le bateau j'ai un tunnel qui ramène toutes les drisses, du mât jusqu'à l'arrière du bateau, et ça va dans une goulotte de trois mètres de long. La goulotte est ouverte sur l'avant et sur l'arrière. Et il y a un poisson volant qui s'est faufilé à l'intérieur, certainement avec une vague, il y a quelques jours. Je ne peux pas l'attraper, il est mort depuis longtemps, il est en pleine décomposition au milieu des cordages. Ça pue, une horreur. Comme une poissonnerie. J'ai hâte qu'une vague vienne enlever tout ça.

S.K. — Ou alors il faut récupérer le crabe de Clarisse, qu'il vienne faire le boulot !

D.S. — Oui ! Voilà, c'est mon petit souci aujourd'hui.

S.K. — Ça va, tu as connu pire ! À la semaine prochaine.

Semaine 3

Bonne Espérance

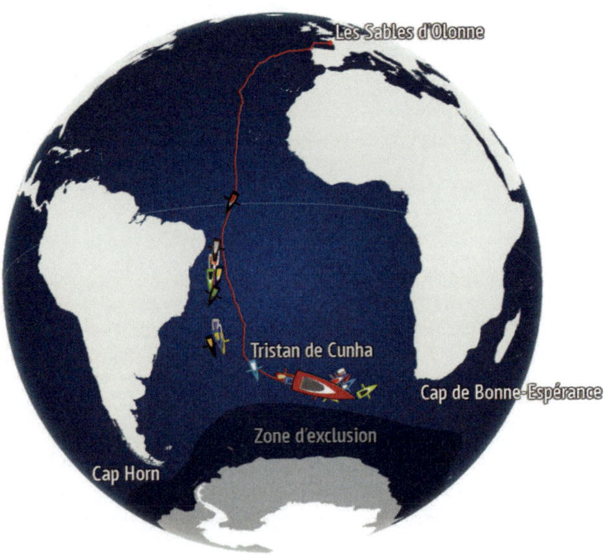

Dimanche 29 novembre 2020,
11 h 30

Vent : 25 nœuds
Vitesse : 16,9 nœuds
Cap : 104°
Température : 12°
Vagues : 4 mètres
Classement : 9ᵉ

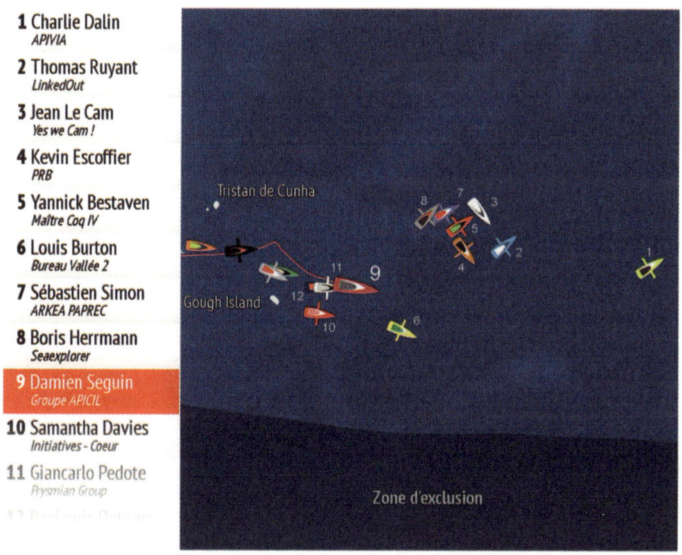

Sam Karmann — Alors ça y est ? Tu es dans les mers du Sud ?

Damien Seguin — Oui ! C'est le moment des premières fois. C'est la première fois que je dépasse mon seuil de solitude, puisque j'avais été jusqu'à dix-huit jours pour la Route du Rhum. C'est la première fois que je navigue dans les mers du Sud. Et que je passe le cap de Bonne Espérance.

S.K. — Ça fait dix jours qu'on ne s'est pas parlé. Comment s'est passée la semaine ?

D.S. — Dimanche dernier a été très dur. Comme un deuxième pot au noir. Vraiment l'enfer. Il n'y avait pas de mer, mais du vent et des grains. Ça changeait tout le temps, impossible de garder un cap. Tu es toujours obligé de manœuvrer sans jamais être satisfait. Ce sont les éléments qui commandent et pas toi.

S.K. — Tu as pourtant fait de belles performances.

D.S. — Oui, samedi, j'ai même battu le record de distance sur vingt-quatre heures. Mais la suite a été compliquée.

S.K. — C'est-à-dire ?

D.S. — Dans la nuit de samedi à dimanche, je suis tranquille, je marche à plus de 20 nœuds, je suis au portant, j'en profite pour me reposer parce que j'ai fait marcher le bateau à fond. Je suis épuisé. Bref, je suis en caleçon dans mon duvet et tout d'un coup je sens que le bateau enfourne[1]. Je saute dans mon équipement, je sors et je vois que le petit gennaker[2] est déchiré. Là il faut prendre des décisions très vite. D'abord, ralentir le bateau. Je me mets plein vent arrière et je m'attache au bateau. Il y a des creux énormes, il ne faut pas que je tombe à l'eau. Je vais à plat ventre à l'avant pour remonter la voile. Ça m'a pris deux heures et demie.

S.K. — Tu y es arrivé ?

D.S. — Oui. J'ai réussi à ne pas la laisser à l'eau, je suis très fier de ça. Elle est déchirée mais elle est au fond de la cale. Le problème, c'est que je n'ai pas son équivalent pour la remplacer. J'ai une voile de moins.

1. Enfourner : enfoncer la proue et l'avant du pont dans une vague.
2. Gennaker : voile d'avant. Il y a le grand et le petit gennaker.

Je vais devoir adapter encore plus le choix des voiles par rapport à la météo.

S.K. — Le petit gennaker en moins, ça veut dire que tu dois changer de voile plus souvent ?

D.S. — Non, mais je fais des choix plus réfléchis. Plutôt que mettre la bonne voile au bon moment, je dois anticiper l'évolution de la météo et faire une manœuvre de voile qui va mieux correspondre dans la moyenne météo…

S.K. — Comment as-tu vécu l'expérience ?

D.S. — Pas très bien. Ça arrive après vingt-quatre heures d'euphorie où tu te crois invincible, et la réalité te rattrape. Il ne faut pas oublier que c'est un sport mécanique. Sur le moment, tu n'as pas peur. Tu n'as pas le droit. Tu dois rester concentré sur les choses à faire. Mais quand c'est terminé, la fatigue aidant… J'étais très déprimé ce matin et Jean-Charles[1] et Tifenn m'ont remonté le moral. Ils m'ont dit que je faisais une super course. Je m'en voulais d'avoir cassé du matériel, mais comme ils me l'ont dit, c'est un accident de course.

S.K. — Tu n'en as pas parlé dans tes vidéos…

D.S. — Non, on n'a pas voulu en parler. J'allais tellement vite que ça ne s'est pas vu sur les pointages. On s'est dit que puisque ça ne se voyait pas, c'était

1. Jean-Charles Monnet : directeur technique.

pas la peine de donner des indications de l'état du bateau dont les autres pourraient se servir tactiquement.

S.K. — Le moral est un peu remonté là ?

D.S. — Il fait gris, c'est pas marrant, il fait dix degrés dehors, et pas beaucoup plus à l'intérieur. J'ai des hauts et des bas. Mais on est tout un groupe, on se soutient. Je ne veux pas dire que ce sont des concurrents, on est ensemble. Je ne dois pas perdre mon objectif, qui est d'arriver et non de gagner. Je sais que je ne gagnerai pas. Mais quand le bateau marche comme il a marché, on peut avoir un excès de confiance.

S.K. — Tu as une méthode pour garder le moral ?

D.S. — Parfois je regarde où j'en suis dans la course, j'élargis l'écran et je me décourage. Alors je rezoome tout de suite sur ma petite zone de navigation. Je ne dois pas oublier le coup des étapes de l'Everest.

S.K. — Par rapport à la première semaine, tu te sens plus dans ta course ?

D.S. — Oui. Les premiers jours, tu en es presque à souhaiter de casser quelque chose pour rentrer à la maison ! Et puis tu te reprends. J'arrive aussi à appeler un peu moins la famille et les équipes. Il faut que j'arrive à couper le cordon.

S.K. — À propos de casse, il y en a assez peu jusqu'ici…

D.S. — Oui, bizarrement. Il n'y a eu que deux abandons jusque-là, ce qui est très peu. Et c'étaient des bateaux neufs, où ils n'ont pas pu consacrer assez de temps à la fiabilisation. L'abandon d'Alex Thomson, qui était le favori, c'est un coup dur.

S.K. — Quand le bateau marche vite, comme cette semaine, c'est très fatigant. Tu arrives à gérer ton effort ?

D.S. — Il faut rester lucide, c'est pas évident. Clarisse Crémer, à un moment, elle n'a pas été à fond parce qu'elle sentait qu'elle n'aurait pas la force de tenir. Chaque marin doit connaître ses limites. Il y a des jours où je peux prendre 40 nœuds de vent, où je me sens assez fort, et d'autres où je me limite, parce que je suis trop fatigué.

S.K. — On a vu que tu t'étais blessé mercredi. Comment ça t'est arrivé ?

D.S. — Je n'avais rien à faire à ce moment-là sur le bateau, et à l'arrière il y avait un petit bout plus long que les autres. D'habitude on coupe tout à ras pour que tout soit nickel. Ça faisait un moment que je le voyais se trimballer devant mes yeux et ça m'énervait. Je me disais que le jour où j'aurais du temps, je le couperais. Là, j'avais du temps et j'ai été trop sûr de moi. Les conditions étaient parfaites, il faisait beau, le bateau ne bougeait pas beaucoup… Je prends le couteau, je me mets à quatre pattes et, je ne sais pas pourquoi, je suis déséquilibré. Et dans mon déséquilibre je me plante le couteau dans le bras. Mais vraiment le truc con. Je me suis fait une jolie entaille. C'est impressionnant sur le coup parce qu'il y avait une plaie béante. Mais finalement c'était pas trop grave. Il n'y a pas eu d'hémorragie, c'est au niveau du bras, pas trop proche du coude pour risquer de toucher une veine, et pas trop proche du poignet pour que ce soit gênant dans les manœuvres. J'ai réussi à mettre des Steri-strips, à bien refermer la plaie bord à bord, et à mettre un bandage autour. À l'intérieur de mes manches de ciré, j'arrive à ne pas le mouiller. Ça commence déjà à cicatriser.

S.K. — Tu avais appris à faire ces gestes ?

D.S. — Oui. Pendant la préparation on a une formation médicale assez solide, qui touche plusieurs domaines. D'abord on a une pharmacie obligatoire à bord, faite par des médecins de la fédération française, les médecins du pôle aussi, qui est vérifiée avant le départ. C'est un petit hôpital africain. Il y en a plein qui aimeraient avoir tout ce qu'on a dans notre pharmacie de bord.

S.K. — Il y a quoi, par exemple ?

D.S. — Tous les antibiotiques dont on pourrait avoir besoin, un kit dentaire si jamais on a une rage de dents ou si on s'en casse une, un kit oculaire, un kit cutané pour tout ce qui est escarres par exemple…

on a une médication pour chaque partie du corps. Après, il faut qu'on apprenne à s'en servir. On a des stages organisés avec des spécialistes dans chaque domaine. On apprend à se recoudre, à se servir d'une seringue, à se faire une injection sous-cutanée, intramusculaire ou carrément intra-veineuse, à se faire une perfusion, on apprend les gestes de premier secours et à se servir de notre pharmacie. On a des cas pratiques pour s'exercer. Cette formation est essentielle pour connaître les bons gestes, quand on a une plaie, par exemple quand on se plante un couteau dans le bras bêtement… On doit savoir comment refermer la plaie et ce qu'il faut utiliser comme médicament après. Et on peut aussi avoir un échange avec le médecin de course 24 heures sur 24.

S.K. — Et tu as eu besoin de la visio pour qu'un médecin te conseille ?

D.S. — Globalement, oui. Je voulais qu'il voie la plaie. Et comme j'avais le temps de bien faire les choses, en plus je me suis filmé et c'est les vidéos qui ont été mises sur Facebook. Comme un tuto, quoi. C'était marrant à faire.

S.K. — Tu as réparé ta fuite d'eau ?

D.S. — Non. Je n'ai toujours pas trouvé d'où elle venait. Mais bon, c'est cinq litres par jour à enlever, ça se gère. Par contre je me suis enfin débarrassé du poisson mort !

S.K. — Tu as eu le temps de voir de belles choses quand même ?

D.S. — Oui, j'ai vu mon premier albatros. C'est sublime et majestueux. C'est quand même le plus grand oiseau du monde. Tu peux rester à le regarder longtemps, il plane sans bouger ses ailes, en parfaite harmonie avec les éléments.

(Un temps)

S.K. — C'est un beau moment pour te laisser…

Semaine 4

L'enfer indien

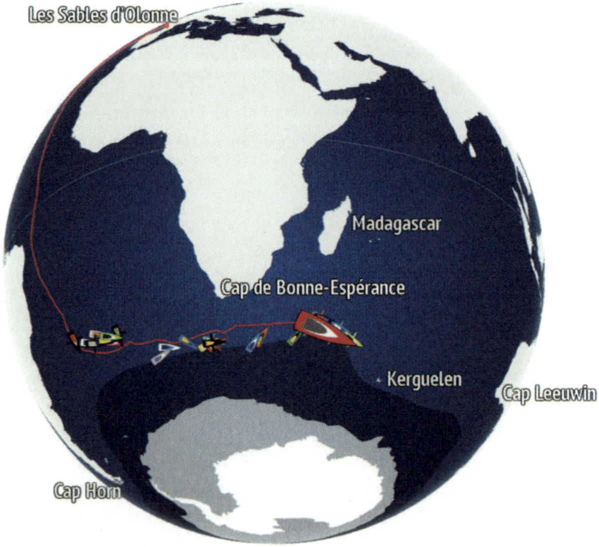

Samedi 5 décembre 2020, 16 h 04

Vent : 23 nœuds
Vitesse : 16,8 nœuds
Cap : 94°
Température : 8°
Vagues : 5 mètres
Classement : 4e

Sam Karmann — Dis donc, quelle semaine !

Damien Seguin — Oh là là ! Comme tu dis, un truc de dingue ! L'océan Indien mérite bien sa réputation ! La vache, c'est dur de naviguer dans le coin. La mer est déchaînée, c'est quelque chose d'assez extraordinaire à voir.

S.K. — Tu es en permanence dans des creux de 4 à 6 mètres c'est ça ?

D.S. — Exactement. Dès qu'on a passé Bonne Espérance, on a attrapé une dépression, et les vagues qui vont avec. On m'avait prévenu, dans l'océan Indien, les vagues sont dures et effectivement, c'est des vagues qui vont dans tous les sens, qui déferlent au sommet, dans lesquelles c'est pas facile d'accélérer avec le bateau parce qu'on risque de planter tout de suite quand la vague est devant. C'est hyper exigeant. En début de semaine, c'était de l'hyperactivité. En plus, j'ai eu quelques petits soucis techniques. C'était vraiment très dur.

S.K. — On va y revenir. Je me demandais si les nouvelles te parvenaient. Celles de la course, d'abord, comme le naufrage d'Escoffier[1]. Et celles du monde en général, et de la France en particulier.

D.S. — Pour la course, on est tout de suite mis au courant. Pour des événements comme Kevin et le fait qu'il ait déclenché sa balise de détresse, le comité de course nous prévient automatiquement. On doit être vigilant parce qu'ils ont détourné quatre bateaux pour aller le chercher. J'aurais très bien pu être le cinquième, parce que le cinquième le plus proche, c'était moi. Il avait sa balise sur le radeau de survie et personne ne le trouvait. C'était un moment pas simple parce qu'on était dans le dur sur nos bateaux et en même temps on avait un copain, là, en mode survie. On a tous poussé un ouf de soulagement quand on a appris qu'on l'avait trouvé.

S.K. — Les balises ne sont pas équipées de GPS ?

D.S. — On n'a pas la position GPS de la balise, on a la position AIS[2]. Et pour avoir cette position, il

1. Le 30 novembre, dans une houle avec des vagues de 5 mètres, le bateau de Kevin Escoffier s'est cassé en deux. Il a été sauvé par Jean Le Cam après une douzaine d'heures passées dans son radeau de survie.

2. AIS : Système d'identification automatique qui permet aux navires de connaître la position et la route des navires se situant dans la zone de navigation.

faut être relativement proche. Ceux qui ont les positions GPS c'est l'organisation de course, qui nous les redonne. Mais c'est surtout le Cross Gris-Nez[1] qui reçoit les positions de détresse. Ça a été super long, ça a duré pas loin de dix heures pour le récupérer. Ça nous a tous refroidis. On s'est dit, « on avance un peu comme des bœufs, la tête dans le guidon sur nos bateaux, on va peut-être lever le pied ». Bon… Là j'ai levé le pied, mais un tout petit peu.

S.K. — Oui parce que ce qu'explique Kevin, c'est qu'il caracolait et puis d'un coup le bateau a enfourné une vague et s'est cassé. Ça pose question quand même. Comment c'est possible qu'un bateau comme ça se casse dans un creux !

D.S. — Nos bateaux, ce sont tous des prototypes. Et comme tous les prototypes de course, il y a un moment où tu veux faire plus rapide, donc tu fais plus léger, donc tu vas jouer un peu avec des problèmes de sécurité. En l'occurrence, *PRB*, le bateau de Kevin, c'est un bateau extrêmement léger et qui a très souvent eu des problèmes de structure dans sa vie. Il a beaucoup été rafistolé au fur et à mesure. Mais c'était un très bon bateau, je ne pensais pas qu'il casserait comme ça. En même temps, s'il y en a un qui devait casser, c'était celui-là.

1. Cross : Centre Régional Opérationnel de Surveillance et de Sauvetage. Le Cross Gris-Nez est le correspondant français auprès des centres de recherche et de sauvetage étrangers, notamment pour le suivi des navires et des navigateurs français à travers le monde.

S.K. — Tu veux dire qu'un Imoca n'a pas forcément une structure en carbone ?

D.S. — Si, on est tous sur du carbone. Il faut respecter certains matériaux, certaines mises en œuvre, etc., mais celui qui veut construire un bateau ultraléger qui va casser tout de suite, libre à lui de le faire. Mais il ne finira jamais aucune course. Le curseur se place aussi là, avec les architectes, au moment où tu le construis. Qu'est-ce que tu veux faire avec ? Est-ce que tu veux simplement traverser l'Atlantique, est-ce que tu veux faire un tour du monde ? Après, ça reste de la mécanique.

S.K. — Reparlons de cette semaine et de la suite d'ennuis que tu as eus.

D.S. — La semaine, elle a commencé tambour battant avec la dépression. Je ne sais pas si je t'ai dit que j'ai déchiré mon petit gennaker.

S.K. — Oui, c'était le vendredi de la semaine précédente.

D.S. — Oui, voilà. Depuis j'essaie de trouver les combinaisons de voiles qui me permettent de pallier le manque de ce gennaker. Je ne m'en sors pas trop mal. Durant toute la semaine, ça a été des vagues énormes, du vent qui n'est jamais vraiment descendu… Le bateau accélère tout le temps, plante dans les vagues devant, fait du bruit stressant parce que je suis enfermé à l'intérieur. Il y a tellement de projections à l'extérieur que tu ne peux pas sortir. Déjà, il commence à faire vraiment froid et en plus, tu t'en prends plein la gueule, donc tu ne sors pas. Tu y vas juste pour faire du réglage de voiles, checker de temps en temps deux, trois trucs, c'est tout. Et l'intérieur, c'est une coque en carbone, c'est une caisse de résonance, tous les chocs sont amplifiés. C'est hyper difficile de se déplacer parce qu'il faut se tenir tout le temps. Et faire attention à ne pas tomber la tête en avant quand tu tombes ! Tu dois te motiver pour te faire à manger. Même si j'ai ma petite gazinière à deux mètres de moi, il faut que je me motive pour y aller, parce que ça va être compliqué de faire bouillir de l'eau, de passer l'eau bouillante dans le sachet, etc., de manger sans en renverser… tout devient compliqué. L'hygiène aussi, parce que pour poser ta petite crotte, tu es en équilibre sur ton seau. Et, pareil, tu n'as pas envie d'en foutre partout ! Tout prend des proportions énormes. Et tu vis dans cet environnement-là 24 heures sur 24. Il faut bien que tu réussisses à dormir, il faut bien que tu réussisses à travailler à l'ordinateur aussi. Parfois, ça bouge tellement, tu n'arrives même pas à viser quelque chose sur l'écran avec le curseur de la souris, donc tu attends que ça se calme un peu. Tu te reposes quand tu peux. Après, il y a des priorités. J'ai eu quelques soucis, parce qu'à force de taper dans les vagues, les deux aériens à la tête du mât, qui donnent la force et la direction du vent, ont cessé de fonctionner. À un moment je n'avais plus d'infos de vent. C'est quelque chose qu'on avait prévu, forcément, mais c'est un peu con, quand tu en as deux, que les deux tombent en panne d'un coup. J'en ai installé un troisième à l'arrière du bateau. C'est pas l'idéal, mais au moins ça me donne des renseignements de vent. C'est moins haut au-dessus de l'eau donc c'est plus perturbé par le vent, les vagues, etc. Mais au moins j'ai un repère. Mais bon, il a fallu l'installer, prendre du temps pour bricoler. Il y a le bateau qui fait de l'eau aussi. La pression de l'eau, avec la vitesse, est tellement importante sur le pont que ça décolle le joint de la trappe à voiles sur le pont avant et l'eau rentre. Tous les matins je dois enlever 100 à 150 litres dans la soute avant. C'est mon quotidien. Et c'est épuisant. Et on est à un endroit de la course où on est en plein dans des dépressions. Ceux qui sont derrière, Romain Attanasio et Clarisse Crémer, ils sont au bord de l'anticyclone. Pour eux c'est presque cool, il fait beau, il n'y a presque pas de vent. Alors oui on avance plus vite, on creuse l'écart, mais on est dans des conditions vraiment compliquées.

S.K. — Et il faut arriver aux Kerguelen ou ça peut se calmer avant ?

D.S. — Ça se calmera à peu près au niveau des Kerguelen. La dépression qu'on a subie est en train de s'éloigner, mais il y en a une autre en train de remonter du Sud et qui va nous impacter pendant trois jours encore. Je pense que je n'irai pas dans des vents aussi forts. Je n'ai pas envie, je suis épuisé. Je ne vais pas suivre la route idéale que me montre l'ordinateur. Je vais faire un entre-deux pour retrouver des conditions un peu moins dures. J'en ai discuté avec Yannick Bestaven sur *Maître Coq*, qui est juste à côté de moi. Pour la petite histoire, la dernière fois que j'ai croisé un bateau proche de moi, c'était avant le pot au noir, à côté des îles du Cap-Vert. Et c'était lui ! On était suffisamment proches pour se parler à la VHF[1]. On s'est souhaité bonne route, et on se retrouve, il y a une demi-heure de ça. On a discuté en VHF. C'est assez rigolo. Ça veut dire qu'il était à moins de 10 kilomètres de moi.

S.K. — Oui, au dernier pointage, tu es devant lui.

D.S. — Oui, ça fait un petit moment. Mais il va un peu plus vite que moi, c'est un foiler, donc il va me passer devant. Enfin, ce qui est rigolo c'est que je croise deux bateaux pendant toute la course, et c'est deux fois le même. On a parlé météo et il est dans le même état d'esprit que moi. Il en a ras la casquette, il ne va pas aller dans le plus fort du vent pour préserver aussi sa monture.

S.K. — Ça veut dire que tu vas faire une route un peu moins Sud.

D.S. — Là je fais de l'E.-S.-E., le vent va tourner un peu donc je vais obliquer un petit peu plus vers le Sud, et à ce moment-là j'empannerai[2] pour faire une

1. Bande très haute fréquence (*Very high frequency*) : radio dont la portée est limitée dans l'espace.
2. Empanner : virer vent arrière.

route E.-N-E. Ça ne sera pas une mauvaise route, et elle m'éloignera un peu de la dépression.

S.K. — L'océan Indien se termine au Sud de l'Australie et, après la Tasmanie, commence le Pacifique, dans des mers qui sont difficiles aussi.

D.S. — C'est vrai, sous l'Australie c'est pas simple, et après, c'est le Pacifique, qui n'est pas un océan très pacifique. Mais tous ceux qui ont déjà fait le Vendée Globe m'ont dit que la mer est grosse, certes, mais beaucoup moins cassante, beaucoup moins fatigante. C'est plus une houle arrondie, alors que dans l'Indien, c'est une houle très tonique. Et puis c'est aussi une question d'habitude. Au début de l'Indien, je me suis dit que je n'arriverais jamais à dormir. Et au final, tu t'y fais. Tu arrives à dormir alors que c'est le vacarme autour de toi.

S.K. — Non seulement le vacarme, mais aussi ce dont on parlait dans nos premiers échanges, l'abandon de Nicolas Troussel, ou l'abandon de Samantha Davies, qui ont heurté des Ofnis. Statistiquement, vous êtes 33 bateaux à faire le tour du monde et il y en a déjà trois ou quatre qui ont tapé des trucs…

D.S. — Oui, on en est à quatre abandons. Nicolas Troussel, Alex Thomson, Sam Davies et Sébastien Simon. Statistiquement, sur un Vendée Globe, ça ne fait pas beaucoup d'abandons, mais c'étaient des bateaux vachement bien préparés. J'espère juste ne pas être le prochain sur la liste.

S.K. — Et ton moral, cette semaine ?

D.S. — Je suis passé par toutes les couleurs de l'arc-en-ciel. Au début c'était dur et comme je n'arrivais pas à me reposer c'était compliqué à subir. Après j'ai eu des problèmes avec le bateau, les aériens et tout, du coup ça n'allait pas super bien. D'un jour sur l'autre j'avais vraiment des hauts et des bas. Et puis là, depuis trois jours, c'est un peu mieux. Je me fais une raison, je m'habitue à ces conditions. Et puis je suis super bien au classement général. Je suis quatrième, le bateau marche bien, ces dernières 24 heures j'étais le bateau le plus rapide. Il y a plein de choses qui font que je suis bien dans la course, donc je suis en pleines contradictions.

S.K. — Tu es même le premier des dérives ! Mais dans un groupe où tu sais que les autres vont de toute façon plus vite. C'est paradoxal.

D.S. — Oui, c'est pas facile de mettre le curseur au bon endroit. La vitesse, même si c'est stressant, c'est grisant. Et puis tu regardes le classement et forcément tu te compares aux autres. Quand tu vas moins vite tu te dis « mais pourquoi je vais moins vite, faut pas que j'aille moins vite »... Je suis pris au jeu, quoi. Et ce jeu, j'aimerais bien qu'il ne se transforme pas en piège. J'aimerais bien être suffisamment lucide pour ne pas franchir une certaine limite. Aujourd'hui je ne sais pas si je suis capable de saisir vraiment cette limite-là, si je suis capable de me dire « non, là Damien, il faut que tu lèves le pied ». Je viens de franchir le tiers de la course, c'est déjà beaucoup, mais il reste deux tiers ! C'est pas rien non plus.

S.K. — Et sans aériens, avec celui que tu as installé à l'arrière, qui est beaucoup moins précis…

D.S. — Il faut que je m'adapte. Comprendre comment il mesure le vent à cet endroit-là du bateau. Comment du coup je réajuste les choses pour faire mes prévisions de route, ma lecture instantanée du vent. C'est pas simple, c'est sûr.

S.K. — Est-ce que tu arrives à sécher un petit peu ? Ça doit être usant aussi d'être toujours dans l'humidité.

D.S. — Je fais vraiment attention à ça. Je suis quasiment tout le temps avec mon bas de ciré, pour éviter de me mouiller le bas du corps et notamment les fesses. Il y a deux jours, je me suis changé entièrement. J'ai remis des sous-vêtements propres. Il faut dire ce qui est, je ne sens pas très bon, mais il n'y a que moi qui me sens donc c'est pas grave. Mais je fais attention à ça, je fais attention à mes mains. Quand je vais dehors faire une manœuvre, je me couvre bien. Quand je rentre j'enlève mes affaires humides, je me sèche bien. Parce que non seulement c'est pas agréable et ça peut amener des problèmes de peau, mais en plus il fait froid. Là, il fait moins de 10 degrés dehors, et dans le bateau pas beaucoup plus. Si j'ai froid ça va être l'horreur.

S.K. — Comment tu arrives à garder du sec dans le bateau ?

D.S. — Quand je fais tourner mon moteur pour recharger les batteries, ça produit de la chaleur, et je mets la serviette que j'utilise sur le capot pour la faire sécher.

S.K. — Les températures risquent de baisser encore, non ?

D.S. — Je pense qu'on va rester dans un créneau de 8-10 degrés jusqu'à l'Australie. Dans le Pacifique, les dix derniers jours avant de passer le cap Horn vont être très froids. On va beaucoup descendre en latitude, on sera déjà dans les 40es, on va passer dans les 50es, on va s'approcher des 60es et tout le monde m'a dit, surtout Jean Le Cam, que c'est vraiment là qu'il fait le plus froid. On va atteindre des températures peut-être même négatives. Dans mes affaires j'ai aussi prévu des trucs pour le grand froid. Ça ne dure pas très, très longtemps, mais ça risque d'être pénible.

S.K. — Pour en revenir aux informations du monde. Tu as su que Maradona était mort ?

D.S. — Oui, j'ai su. Je ne suis pas au courant de grand-chose, mais j'ai quand même quelques copains qui m'envoient des nouvelles de temps en temps. Quelques résultats sportifs, en me donnant quelques actus. Je n'ai pas les mauvaises actus. Par exemple, je ne sais absolument pas comment évolue la crise sanitaire en France. J'imagine que ça ne doit pas être génial, mais je n'ai pas de mauvaises nouvelles. On est quand même bien isolés.

S.K. — Alors sache qu'ils nous annoncent les vaccins pour début janvier.

D.S. — Ah ? Ils ont trouvé des vaccins ?

S.K. — Plusieurs. Il y en a une vingtaine dans le monde, avec des coefficients de 95 % d'efficacité pour les deux premiers à être distribués. Ils ont l'air très sûrs d'eux et les pays ont commandé des millions de doses.

D.S. — Ah, d'accord. Ça veut dire que fin janvier, on a peut-être l'espoir d'avoir des gens à l'arrivée aux Sables-d'Olonne.

S.K. — Ouais, mais il va falloir les sortir des Ehpad, parce que c'est par eux qu'on va commencer la vaccination.

D.S. — Ah, merde ! Ah, ah, y aura que des vieux !

S.K. — Tu es à un tiers de la course, tu as un beau moral, Damien, c'est formidable. Parce que, chaque semaine, tu as ton lot d'emmerdements quand même. Voire chaque jour.

D.S. — Oui, c'est vrai. Il y en a qui passent mieux que d'autres. Ça dépend du contexte dans lequel ça arrive, de mon état de fatigue et tout ça. Mais j'ai quand même l'impression d'être pas trop mal dans ma course. J'arrive à faire de plus en plus de choses sur le bateau, à anticiper un peu plus. J'espère que tout va continuer à tenir.

S.K. — Tu as l'impression de devenir meilleur marin ?

D.S. — Oui, exactement. De devenir meilleur marin et d'appréhender le milieu dans lequel je suis. Naviguer dans du vent comme ça et dans de la mer aussi déchaînée, je ne l'avais jamais fait. Je l'avais fait l'espace de trois, quatre heures, en face de la pointe Bretagne avec une dépression. Mais faire ça aussi longtemps, ça ne m'était jamais arrivé. L'être humain s'adapte. Donc oui, j'ai l'impression de m'améliorer.

S.K. — Autant dire que ça ne laisse pas beaucoup de place pour regarder des séries, lire un bouquin, etc.

D.S. — Non, je n'ai même pas encore fini mon premier bouquin. J'ai lu un ou deux chapitres ce matin, mais c'est vrai que le temps que j'y accorde pendant la journée, c'est pas grand-chose. Je sais qu'il y aura des jours meilleurs.

S.K. — Par rapport à ton histoire personnelle, tu en apprends plus sur ta capacité d'endurance ? Tu découvres des choses sur toi ?

D.S. — Je crois qu'on n'arrête jamais d'être surpris par soi-même dans la vie. Mais là, c'est sûr que j'ai l'impression de repousser mes limites. Avant le

Vendée Globe, tu m'aurais dit que j'allais rencontrer ce genre de conditions, je ne serais peut-être même pas parti. Parce que c'est effrayant à dire comme ça. Mais le fait d'être dans la course fait aussi que tu n'as pas le choix... Parce que je peux très bien dire stop, mais si je dis stop maintenant, il se passe quoi ? Rien. Je serai toujours avec mon bateau au milieu de nulle part, avec autant de vent et autant de vagues. Donc, et d'une je n'ai pas le choix, et de deux, c'est très bien comme ça. Je suis obligé de me confronter à moi-même, à mes craintes, à mes peurs, à mes limites, et, au final, les jours passent et je constate que j'arrive à encaisser, à endurer des choses difficiles. C'est bien, je suis fier de moi. Ouais, je peux dire ça, je suis fier de moi.

S.K. — C'est magnifique. Et quand bien même tu le voudrais, ça ne peut pas s'arrêter.

D.S. — Effectivement. C'est effrayant. Tu ne sors pas du jeu comme ça. Là j'y suis, j'y suis quoi.

S.K. — Même ralentir, avec ces bateaux-là, tu m'as dit que c'est très difficile. Ce sont des bateaux de course. Tu ne peux pas tout d'un coup les transformer en bateaux de croisière.

D.S. — Non, effectivement. Ce serait même plus dangereux, dans certaines conditions, de trop ralentir le bateau, parce que les vagues seraient plus agressives. Il faut trouver un juste milieu.

S.K. — À l'heure où on parle tu es quatrième, mais les trois autres ont déjà tous fait le parcours ?

D.S. — Oui, je dois être le premier bizuth.

S.K. — Le premier bizuth et tu es quatrième, Damien. Ça doit quand même donner du baume au cœur ! Tu souffres, mais tu es quand même quatrième !

D.S. — C'est pas mal c'est vrai.

S.K. — Au niveau de la nourriture, tu tiens bien ?

D.S. — Oui, j'ai mes sachets journaliers, que je descends les uns après les autres. Depuis trois jours je sens bien qu'on est rentré dans des rations un peu plus caloriques et énergétiques avec des plats un peu plus consistants. Je crois que là-dessus Tifenn et moi – parce que c'est nous qui avons préparé les sacs –, on a plutôt bien géré. En tout cas pour l'instant il n'y a pas trop de lassitude.

S.K. — Tu penses avoir perdu du poids ?

D.S. — Oui, je pense. Je suis parti un peu grassouillet, mais c'était bien de partir avec quelques réserves. Ce que je mange, ce ne sont pas des choses qui font grossir. Et je consomme en énergie tout ce que je mange. Je pense que je perds un peu des muscles des jambes, ce qui est un peu normal sur un bateau parce qu'on ne fait pas trop d'exercice avec les jambes. Ce sera intéressant que je me pèse à l'arrivée pour savoir combien j'ai perdu.

S.K. — Bon je t'embrasse et te dis à la semaine prochaine et te souhaite de plus douces conditions de navigation.

D.S. — OK. Bonne semaine !

Le lendemain matin, dimanche 6 décembre, je reçois un message audio de Damien :

« Salut Sam, c'est Damien, on est au petit matin, le jour s'est levé depuis quelques heures, je voulais te faire part d'un truc. Je suis passé juste au Nord d'une île de l'archipel de Crozet qui s'appelle l'île aux Cochons. Et comme tout le monde sait, dans les copains, que j'ai une collection de cochons à bord parce que c'est un peu mon animal fétiche, certains m'ont envoyé la fiche Wikipédia avec la description de l'île aux Cochons. Ça m'a vraiment mis un coup au moral énorme. C'est une île paumée, qui a accueilli des naufragés, il s'y est passé de vraies tragédies. D'avoir lu ça, ça m'a foutu les boules quoi (la voix s'étrangle d'émotion). *Je me suis vraiment demandé ce que je foutais là d'un coup. Voilà. Je voulais juste partager ça avec toi parce que c'est pas un moment facile. Comme quoi parfois quelques mots, quelques descriptions, quelques lignes un peu négatives,*

ça peut tout de suite avoir un impact sur le moral quand il n'est pas très bon. J'espère que tout va bien pour toi ! »

Je lui réponds par texto :

« *Cher Damien, je ressens ton coup de blues et je suis persuadé que les copains ne se rendent pas compte de la portée de leurs signaux. Ils te suivent, voient depuis leur canapé où tu es géographiquement, repèrent cette île aux Cochons et veulent juste grâce à WhatsApp te faire un clin d'œil complice sans mesurer la portée réelle, sans imaginer ce que ça signifie d'être réellement dans ces latitudes et dans ces conditions. Tu es un héros qui fait le tour du monde et ils te pensent, te rêvent indestructible, ils ne pensent pas mal faire, ils ne réalisent simplement pas. Et il y a ceux qui savent, dont je fais partie, combien tu dois aller chercher dans tes ressources physiques et mentales pour encaisser ce fracas, ce bruit, cette absence perpétuelle de repos, de calme, ne serait-ce que quelques minutes, quelques secondes… Alors tu dois à la place inspirer, expirer doucement… Laisser ton cerveau se calmer… Et être persuadé que demain, après-demain, dans quelques jours, ça va un peu s'apaiser. Tu te demandes pourquoi tu t'es mis dans cette galère, mais je suis certain que la réponse est en train de t'arriver. Ces réflexes, la façon dont tu gères chaque jour, chaque emmerde, chaque problème technique, chaque avarie, le marin ne les avait pas encore acquis. L'homme saura plus tard, chaque chose en son temps. Chacun s'accorde à dire que cette édition a une météo de folie dans l'Indien, ce que tu fais est juste magnifique et proportionnel à sa difficulté. Les copains font un clin d'œil, parfois maladroit, jamais méchant. Tiens bon, l'ami. »*

Semaine 5

La semaine noire

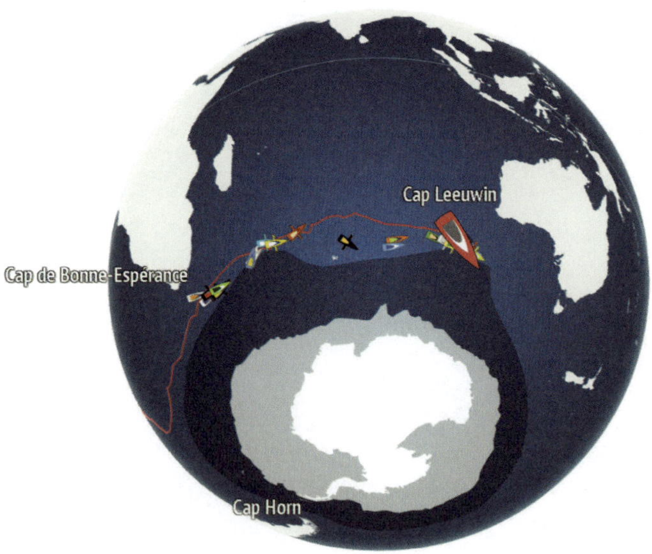

Dimanche 13 décembre 2020,
10 h 04

Vent : 15 nœuds
Vitesse : 15 nœuds
Cap : 106°
Température : 9°
Vagues : 2 mètres
Classement : 4e

Sam Karmann — J'entends à ton « Salut Sam » que ça va plutôt bien !

Damien Seguin — C'est cool ce matin. Enfin, pour moi, c'est l'équivalent d'un midi en heure solaire. Je suis content parce que je viens de voir le dernier classement et je suis repassé quatrième.

S.K. — Vendredi et samedi tu as été deux fois deuxième en record de distance et de vitesse en 24 heures. Les choses se sont un peu posées depuis la dernière fois ?

D.S. — Oui. C'est une semaine à deux visages. J'étais… je ne vais pas dire au bord de l'abandon, en début de semaine, c'est pas ça. Mais j'ai eu tellement de merdes assez graves à gérer, que je ne pouvais absolument pas imaginer une fin de semaine comme ça. Lundi, j'ai commencé à avoir des problèmes électriques sur le bateau, avec des black-out. Tout se coupait d'un coup dans le bateau. Donc imagine, tu es en train de dormir et d'un coup l'électronique s'éteint, puis se rallume. En se rallumant ça fait des bip bip, et ça me met la puce à l'oreille. Puis le black-out, le pilote automatique qui lâche. Là, il faut réagir super vite pour prendre la barre et analyser ce qui se passe. Surtout que c'est arrivé très vite, je n'arrivais absolument pas à comprendre la panne.

S.K. — À quel moment tu as commencé à comprendre le problème ?

D.S. — Un peu le mardi et surtout mercredi. En plus du problème électrique j'ai eu des problèmes de pilote automatique, qui sont sans doute un peu liés. J'ai deux pilotes automatiques sur le bateau, reliés à des lignes électroniques complètement indépendantes. Mais là, d'un coup, les deux lâchent. Le pilote principal lâche et le secours ne marche pas. Ça m'est arrivé un matin, le jour se levait, il y a 25-30 nœuds de vent, le bateau part dans tous les sens, j'ai deux départs à l'abattée[1]. Heureusement je ne casse rien mais je me retrouve avec le bateau couché à 90 degrés au-dessus de l'eau. Je suis déjà fatigué et là, je n'en peux plus. J'appelle Jean-Charles, je suis en pleurs, je ne comprends pas ce qui se passe. Et à ce moment-là, il n'a pas de solution à me donner. La journée de mardi se

1. Départ à l'abattée : au portant, sous l'effet d'une rafale de vent, le bateau s'écarte brutalement de sa trajectoire. Il faut réagir très vite pour le redresser.

passe comme ça, ça alterne entre coupures, désillusions, etc. Le pilote qui tient la barre et qui d'un coup lâche la barre, tu ne sais pas pourquoi. Bref, mardi, vraiment la journée catastrophique.

S.K. — Et pendant cette journée de mardi, il y a combien de vent ? Il y a des creux ?

D.S. — Oui, une mer assez formée et surtout 25 à 30 nœuds de vent. C'est pas simple. Moi je suis un petit peu décalé dans le Sud par rapport aux deux autres bateaux à dérives, Jean (Le Cam) et Benjamin (Dutreux). Je n'ai pas d'autre choix, à ce moment-là, que de continuer tout droit pour essayer de régler le problème. Donc je n'ai pas été très vite mardi, ça c'est sûr. Je suis plutôt précautionneux. Je ne peux pas être en même temps bien toilé et perdre le bateau. Je ne peux pas aller vite et en même temps perdre le contrôle. Et j'ai vraiment le moral dans les chaussettes.

S.K. — En plus, si tu ne peux pas mettre ton pilote, tu ne peux pas à la fois barrer et régler les voiles…

D.S. — Non, surtout avec les vagues, je n'y arrive pas. J'essaie de bricoler un système pour bloquer la barre avec des bouts, des élastiques et tout, mais il y a tellement de vagues que je n'arrive pas à stabiliser le bateau. Donc je suis assis à l'entrée de mon bateau avec le stick[1] à la main, à l'abri sous la

1. Stick : rallonge de barre articulée qui permet de trouver une position idéale pour barrer.

casquette, en train d'essayer de rattraper les erreurs du pilote. Le pilote barre, j'ai le stick dans la main, et quand d'un coup je sens qu'il lâche, hop, je tiens le stick. Là, il faut que je réessaie l'électronique, que je rallume. Je m'assois dans la descente et à bout de bras j'arrive à faire des trucs mais c'est une galère ! À ce moment-là je n'imagine même pas comment je vais faire pour continuer la course. Et, au-delà de ça, je ne sais même pas comment je vais rejoindre la terre ! Je suis au milieu de nulle part, loin de tout, même si je dois abandonner je fais comment ? Comment je fais pour aller en Afrique du Sud, comment je fais pour aller en Australie, je n'entrevois absolument RIEN. C'est la désole totale. Mardi soir, sans rien faire, le pilote décroche un petit peu moins. Ça me permet de dormir un peu pendant la nuit. Comme ça marche un petit peu mieux sans raison, je me dis que je ne peux pas tenir le rythme de mon option Sud. Je n'ai pas un bateau qui me le permet. Au cas où j'aurais un gros problème, il ne faut pas que je sois là. Donc j'empanne, et je fais route Nord. Assez lentement. GV 2 ris[1] et J3 devant, je mets la course entre parenthèses et je vais Nord pour trouver des conditions plus calmes. Je passe toute la nuit à faire une route assez lente, comme ça, dans le N.-E., où j'arrive à dormir pendant à peu près quatre heures. Je perds du terrain, bien sûr. Mercredi, les petits gars, Jean-Charles

1. Prise de ris : réduction de la surface de la voile.

et Yoann[1], qui ont bossé toute la journée de mardi pour essayer de trouver des raisons de panne, ne savent pas d'où ça vient. Alors ils me font faire des tests. J'ai plein de protocoles à suivre, comme démonter un pilote automatique, rebrancher tel machin en parallèle, en série, en truc… On commence à éliminer des hypothèses et on affine un peu le diagnostic. On arrive à trouver la source du problème, en tout cas pour les pilotes. De la corrosion est rentrée dans une prise avec l'humidité. Ça a fait un court-jus électrique, la prise a fondu à l'intérieur. De l'extérieur ça ne se voyait pas du tout. Ça faisait sauter des fusibles de pilote. Et ce sont les seuls trucs communs aux deux pilotes. C'est pour ça que les deux ne marchaient pas. Mercredi soir, j'arrive à retrouver deux pilotes automatiques.

S.K. — Tu avais des fusibles en réserve ?

D.S. — Oui ! Sauf que pendant les tests, j'en ai cramé. Aujourd'hui il m'en reste deux. Je n'ai plus de raison de les cramer mais bon, j'en ai plus que deux en *spare* quoi.

S.K. — Tu peux les isoler de l'humidité ?

D.S. — Oui, j'ai réglé le problème de la prise. J'ai fait l'électricien, j'ai pris des fils, je les ai dénudés, et j'ai fait de la soudure, tout ça dans des conditions de

1. Yoann Richomme, le co-skipper habituel de Damien, qui a intégré la team.

mer pas simples, en essayant de m'isoler un petit peu de l'humidité. J'ai passé ma journée à bricoler, quoi. Et tout ça dans un état... Je n'arrivais pas à manger, je n'arrivais pas à m'entretenir moi, j'étais trempé. Mais il fallait que j'avance dans la réparation. Donc mercredi soir je n'ai pas encore résolu les problèmes électriques, mais j'ai les pilotes.

S.K. — Tu dis que tu bricoles des trucs électroniques, que tu fais de la soudure, etc. Comment tu fais avec une seule main ? Est-ce qu'à ce moment-là tu pestes contre cette absence de main ou tu n'y penses même pas ?

D.S. — Le maître mot c'est « il faut réparer, démerde-toi Damien ». À terre ils ne prennent absolument pas en compte mon handicap. Et je n'ai pas le choix. Ce qu'ils me demandent de faire, il faut que je le fasse. Et il faut que j'y arrive en un minimum de temps pour pouvoir tester tout ce qu'ils me demandent et surtout pour, à un moment, imaginer un retour en course sans être trop pénalisé. Donc oui, je galère, oui, quand il faut que je soude deux fils et que je n'arrive pas à les tenir parce que j'ai le fer à souder dans la main droite et qu'il faut que je tienne les fils avec la main gauche que je n'ai pas, oui, c'est galère. Je prends du scotch, je me scotche les fils autour du moignon et c'est comme ça que je me démerde. Je n'ai pas le choix, je ne peux pas dire « j'y arrive pas ». C'est une de mes grandes forces – des galères comme ça j'en ai eu aussi sur une Route du

Rhum –, quand je me mets en mode bricole, il n'y a rien qui peut me résister. Je suis capable d'inventer des outils, de couper des tournevis pour en détourner les fonctions, etc., mais j'arrive toujours à faire ce que je dois faire. Je pense que je suis un bon bricoleur. Ça me sauve.

S.K. — Bon, mercredi soir tu as réglé le problème des pilotes. On en est à jeudi.

D.S. — Jeudi, Jean-Charles, qui a travaillé avec un spécialiste du genre de batteries que j'ai, trouve le problème. Mon parc batterie, c'est deux batteries de 24 volts en parallèle. Ça me donne un total de 2X200 ampères. C'est mon stock d'énergie. Ce stock, je le recharge avec les moteurs, les hydrogénérateurs, les panneaux solaires… Ça me permet de faire fonctionner l'électronique, tout ce qui est électrique dans le bateau, la quille, etc. Leur diagnostic, c'est qu'une des deux batteries est en carafe. Et l'outil de diagnostic informatique que j'ai à bord du bateau ne comprend pas les choses comme ça. Il donne des informations complètement délirantes. Ils pensent que le fusible interne d'une des deux batteries est mort. Il va falloir faire avec une seule batterie. Pour l'instant on n'a pas de solution. Donc il faut que j'aille dans mon système électrique et que je déconnecte la mauvaise batterie. Déjà, c'est laquelle des deux ? On ne peut pas savoir. Je dois tester. Ils me donnent tout un protocole et mercredi soir je suis obligé d'arrêter le bateau. Je roule les voiles de devant, je me mets à la cape[1] et je vais bricoler pendant une demi-heure dans la niche. La niche, c'est un endroit complètement inaccessible au fond du bateau. Je coupe tous les systèmes du bateau, je prends mon multimètre, je commence à faire les tests, j'arrive à déterminer la batterie qui ne fonctionne pas et je l'isole. Le diagnostic est bon. Dans le protocole, ils m'ont indiqué la façon de rebrancher tout sur une seule batterie. Je le fais, je rallume, et ça fonctionne. Jeudi soir je reprends la route, j'ai des pilotes, j'ai de l'électricité stable, mais je n'ai qu'une seule batterie. Avec une seule batterie, non seulement il faut que je recharge beaucoup plus souvent, mais je n'ai pas suffisamment de puissance pour faire fonctionner mon vérin de quille. Je ne peux être que quille dans l'axe. Je ne peux plus quiller le bateau, mais je peux avancer. Jeudi, Jean-Charles et le spécialiste n'ont pas encore trouvé la solution pour la deuxième batterie. Mais moi, je revis en mode course. Je recommence à attaquer un peu, je reviens sur ceux qui sont devant parce que j'ai dû glisser septième ou huitième au classement. Vendredi, ils ont le protocole. Il va falloir de nouveau arrêter le bateau, bricoler… Ils m'envoient le PDF, je saisis bien ce qu'il faut faire, mais jusqu'à samedi il y a trop de mer, il y a trop de grain, je ne me sens pas de faire cette intervention. Je fonctionne avec le bateau comme il est, je ne suis pas à 100 %, mais j'avance.

1. Se mettre à la cape : arrêter le bateau.

S.K. — Et au passage tu fais deuxième en distance et en vitesse sur 24 heures.

D.S. — Voilà, je commence à bien carburer. À un moment, dans la journée de samedi, de nouveau un problème électrique. Je n'arrive plus à charger ma batterie. Là je me dis que c'est le moment de tout remettre dans les normes. Je roule les voiles, j'arrête le bateau et je suis le protocole pour modifier la batterie qui ne marchait pas. Je shunte le fusible interne qui merdait, je constate que la batterie remarche, il y a du jus aux bornes, je la reconnecte en parallèle avec l'autre, je rallume les systèmes, je vérifie que ça fonctionne. Ça fonctionne. Je rallume tout le bateau et tout fonctionne. Depuis samedi midi j'ai un bateau qui fonctionne à 100 % de son potentiel. Je ne dis pas que ça va continuer, mais, pour l'instant, tout marche ! J'ai pu réenclencher la seconde et ce matin je suis quatrième. C'est génial.

S.K. — Et là comment sont les conditions, la mer, le vent, les températures ?

D.S. — Depuis hier soir ça s'est bien calmé. On est passé de 25-30 nœuds avec une mer un peu formée à, aujourd'hui, 13-15 nœuds de vent. Il y a de la houle, mais la mer est presque plate. J'ai pu renvoyer la GV entière et une autre voile d'avant plus grande. Dans 13 nœuds de vent, le bateau va à 15 nœuds. Je vais plus vite que le vent avec l'angle que j'ai. J'ai réussi à redoubler Jean (Le Cam), je suis quelques milles devant lui. Je pense que je suis au bon endroit stratégiquement parlant. Le bateau avance bien et ne souffre pas. J'ai réussi à faire une bonne nuit, à me sécher, à me changer, à bien manger. C'est un nouveau départ.

S.K. — En regardant les vidéos des autres, c'est incroyable, il y a des problèmes tous les jours.

D.S. — Michel Desjoyeaux, il dit : « Le Vendée Globe c'est un emmerdement par jour à gérer. » Des fois y en a plus, des fois y en a moins. Ce matin, j'ai eu un petit problème aussi, mais bon, ça se règle facilement. Mon enrouleur de J3 devant avait fait un tour. Ça prend une heure à réparer, mais c'est de la réparation qui n'affecte pas la course, c'est mineur. Il faut quand même prendre les outils, aller devant, se faire tremper la gueule… De toute façon, oui, il y a toujours des emmerdes.

S.K. — J'ai repensé à ce message que tu m'as envoyé au large de l'île aux Cochons et à cette fragilité. C'est tellement intense ce que tu vis ! C'est aller au bout de soi tous les jours.

D.S. — Quand tu remets dans le contexte, tu comprends le moment où j'ai envoyé ce message. Je te remercie pour ta réponse. Cette histoire de naufragés, de gens qui perdent la vie, c'était pas le moment, je n'étais pas prêt à entendre ça. J'ai fait de la transposition, je me suis dit « moi aussi je vais être naufragé, je vais y laisser ma peau », c'était catastrophique.

S.K. — Tu veux dire que tu as eu peur de mourir ?

D.S. — Mourir peut-être pas, mais parfois tu ne vois pas le bout du tunnel. Comme ce début ou ce milieu de semaine. Je suis complètement désorienté parce que je suis en train de perdre mon mode course et c'est le seul mode, finalement, que je connaisse vraiment, qui me maintient dans le truc. Je suis au taquet, je mesure mon effort, mais je suis toujours dans une logique de course. Là je perds ce mode-là, ce qui me désoriente un peu, et en plus, je n'arrive pas à me projeter sur la suite. Je ne sais pas comment je vais faire dans les heures qui vont suivre, comment je vais rejoindre une terre pour pouvoir réparer si je dois réparer… Je broie du noir complet. À ce moment-là, je n'arrive pas à lever le nez du bateau. J'essaie de me raccrocher à des trucs… Tu vois un rayon de soleil pendant la journée, tu te dis : « Oui c'est vrai que le soleil est pour moi. » Ma maman m'a appris à dire bonjour au soleil le matin. Le matin, je sors, je regarde le premier rayon de soleil et je dis « bonjour le soleil ». Et j'espère quelque chose de bien en retour. Je ne suis pas croyant. Je ne crois pas en un ou des Dieux. C'est pas dans ma nature de croire en des choses que je ne maîtrise pas. Je suis quelqu'un de plutôt concret. C'est un petit rituel sympa, voilà. En même temps ça me force à sortir de l'intérieur du bateau. Hier soir ou avant-hier soir j'ai vu un magnifique coucher de soleil, l'horizon était un petit peu dégagé pour une fois, des couleurs magnifiques. Ce matin, c'est pareil, quand le soleil s'est levé il y avait des coins de ciel bleu, c'était joli. Tout s'éclaircit d'un coup, pour moi, cette fin de semaine, c'est un vrai bol d'air. La météo se calme, on va dans la bonne direction en ligne droite, je remonte au classement, il ne fait pas trop froid (12 degrés), les choses vont mieux dans pas mal de domaines. Je peux enfin prendre soin de moi. Hier soir, je me suis entièrement changé, je me suis lavé avec des lingettes de bébé, j'ai fait ma toilette de chat, j'ai remis des fringues entièrement propres. On y va, c'est parti. Et ce matin j'ai pris soin du bateau, je suis allé éponger à l'avant, l'endroit où il y avait de l'eau, j'ai rangé les bouts, etc. J'ai pris soin de tout le monde quoi.

S.K. — D'ailleurs comment tu fais pour le linge ? Tu ne peux pas le laver.

D.S. — Non. Ça a été une de mes interrogations pendant le confinement. Comment gérer les fringues à l'échelle d'un tour du monde. J'ai demandé à ceux qui savaient. J'ai récupéré des listes et j'ai adapté en fonction de ce que j'avais. Ce que je n'avais pas je l'ai commandé. Globalement, c'est comme pour la nourriture. Tu identifies les moments où tu passes dans les zones froides, tempérées ou chaudes, tu regardes la consommation que tu peux avoir en slips par exemple. J'ai un slip pour cinq jours. Tous les cinq jours je change de slip, sauf si je suis trempé ou autre chose. L'hygiène, à bord du bateau, c'est complètement différent. Il n'y a plus de microbes extérieurs. Les bactéries que tu as, c'est celles que tu as emportées avec toi. Les odeurs, c'est les tiennes. Donc c'est moins gênant. Tu fais gaffe à ton hygiène quand tu te coupes, tu fais gaffe à la sueur dans les plis cutanés, pour qu'il n'y ait pas de zone d'infection, mais à part ça, ça se gère relativement bien. Après, c'est ce que tu es capable de supporter. Pour les fringues, j'en ai un certain nombre, j'ai des slips, chaussettes, j'ai des sous-couches, j'ai des premières couches, des deuxièmes couches, des troisièmes couches et des cirés étanches par-dessus. Je module le nombre de couches en fonction de la température, en fonction de la technicité que je veux.

S.K. — Revenons à cette phrase, « mon souci c'est pas de gagner, c'est de terminer ». Mais quand même, tu es presque à la moitié et tu es quatrième ! Ça donne la pêche, non ?

D.S. — Oui, c'est dingue. Surtout que les fois où j'ai reculé dans le classement à cause de mes problèmes, j'ai pensé que contre les foilers je ne pourrais jamais revenir, et si, j'y suis arrivé. Je ne vais pas plus vite qu'eux, mais j'arrive à bien tactiquer sur l'eau. J'ai une belle trajectoire. On est presque à mi-course et le premier est à 200 milles devant moi, c'est incroyable. 200 milles c'est peanuts à l'échelle d'un tour du monde. Quand je regarde ça je me dis : « C'est génial, je suis dans le match ! »

S.K. — Tu as aussi retrouvé l'électrique pour ta quille ?

D.S. — Oui. La quille c'est un vérin énorme, hydraulique, qui fonctionne avec un moteur électrique pour mettre l'huile sous pression. C'est hyper basique. Comme la quille fait 4,50 mètres de long avec trois tonnes de plomb en dessous, il faut une sacrée patate. Pour faire fonctionner ce vérin, j'ai des pics de consommation électrique de quasiment 180 ampères. C'est énorme. Et une seule batterie ne peut pas fournir l'énergie pour ça. Il faut absolument les deux. Sinon, je fais sauter tous les plombs du bateau d'un coup. Là, oui, je peux quiller et je ne m'en suis pas privé.

S.K. — Tu as retrouvé la niaque, ça fait trop plaisir.

D.S. — Oui, c'est génial. En début de semaine je n'étais pas beaucoup en contact avec l'extérieur. Seulement avec Tifenn ou avec l'équipe technique. Je recevais des messages, mais je n'osais même pas les lire. Là, j'ai recommencé à les lire. J'ai vu qu'à terre les gens s'inquiétaient énormément pour moi. Ils m'ont envoyé des messages très positifs. Ils sont vachement attentifs au classement, à la progression, ils s'inquiètent dès que j'ai un problème sur le bateau. Je sens bien qu'il y a beaucoup de monde autour de moi. Donc, même s'il y a des moments compliqués, je n'ai pas le droit de baisser les bras. Il faut que je termine, d'une manière ou d'une autre.

S.K. — Tu as réussi à communiquer avec le groupe WhatsApp des autres skippers ? Tu es au courant des galères des uns ou des autres ?

D.S. — Oui. C'est pas forcément dans ce groupe-là qu'on se donne les mauvaises nouvelles, mais on échange quand même. Certains ont des problèmes techniques et demandent un coup de main, parce qu'il y en a qui ont plus d'expérience sur telle ou telle pièce mécanique. Ça échange pas mal. On se rend compte qu'il y a une fatigue générale, que tout le monde a des problèmes. Fabrice Amedeo vient d'abandonner, il y a eu pas mal d'abandons cette semaine. C'est une semaine assez charnière.

S.K. — Quel genre de mer tu attends quand tu passeras la Tasmanie ?

D.S. — Sous l'Australie, jusqu'à la Nouvelle-Zélande, on peut vraiment avoir de tout. Ça peut être assez sympa comme ça peut être un enfer, avec des dépressions qui se créent très rapidement sur l'Australie, qui descendent plein Sud et qui viennent ravager la flotte. Historiquement c'est déjà arrivé. Aujourd'hui, les prévisions disent que pendant une petite dizaine de jours, jusqu'au Sud de la Nouvelle-Zélande, les conditions seront bonnes, au portant. Pour l'instant il n'y a pas de signe de dépression, de petites bombes dépressionnaires qui viendraient nous couper la route. Du coup on peut vraiment exploiter 100 % du potentiel du bateau. Là, les milles coûtent cher, il faut vraiment être dessus, tactiquement, stratégiquement en navigation, sur les réglages. En même temps on sait qu'on va vers quelque chose de très compliqué, une fois passé le cap Leeuwin.

S.K. — C'est l'endroit où la zone d'exclusion des glaces est la plus proche de la côte.

D.S. — Oui. Elle suit la forme de l'Australie. Historiquement il y a eu énormément de casse de bateaux, d'envois de détresse, sous l'Australie. Les secours australiens venaient sauver les marins. À un moment ils ont dit : « On en a un peu ras le bol d'aller sauver vos gars dans les 50es ou les 60es. On veut bien assurer la sécurité, mais à une zone maximum de 1000 milles de nos côtes. » Du coup il y a 1000 milles au Sud de l'Australie où les secours peuvent intervenir, et on a interdiction d'aller en dessous pour ne pas froisser les Australiens.

S.K. — À la fois ce ne sont pas des mauvaises contraintes. Tu as croisé un glaçon pour l'instant ?

D.S. — Non. Je ne suis pas descendu suffisamment Sud. Je croise des grands filaments d'algues marron de deux, trois mètres de long. C'est assez impressionnant, mais pas de glaçons. Après le plat du cap Leeuwin, nos prévisions de routage nous font suivre la zone des glaces. C'est-à-dire qu'on va descendre très, très vite plein Sud, en suivant la courbe de la zone des glaces pour minimiser le trajet. Plus on est Sud plus le chemin est court. Et là on va vraiment aller dans le froid. Les prévisions c'est de passer de 10-12 degrés à 4-5 degrés en l'espace de deux, trois jours.

S.K. — Tu as un peu de temps pour faire autre chose ?

D.S. — Oui, j'ai enfin fini mon bouquin. Celui que j'avais commencé il y a longtemps.

S.K. — Quel bouquin ?

D.S. — Le tome I des *Enfants de la Terre : Le Clan de l'Ours des Cavernes*.

S.K. — Est-ce que tu écoutes un peu de musique ?

D.S. — J'en ai sur mon téléphone, mais je n'ai pas forcément le réflexe d'en mettre. C'est pas quelque chose de naturel pour moi. Que ce soit dans le bateau ou à terre. Je vais plutôt écouter la radio. Entre un podcast et de la musique, je préfère écouter un podcast.

S.K. — Peut-être que dans les dix jours qui viennent, tu vas pouvoir le faire.

D.S. — Oui, cet après-midi sûrement. Je viens de faire une heure de sieste. Je pense que je vais en refaire une cet après-midi. Juste après notre conversation, je vais manger mon repas du midi et après je vais faire une sieste, puis continuer à faire le tour du bateau. Mine de rien les deux dernières semaines, il a vraiment souffert, je dois continuer mon petit check-up, vérifier que tout fonctionne bien. Et puis je pense que j'aurai les enfants en visioconférence dans l'après-midi ou en soirée, c'est notre rituel du dimanche.

S.K. — C'est quoi ton rythme naturel ? Tu dors par tranches de combien ?

D.S. — Par tranches d'une heure. J'ai vraiment pris ce rythme. Je mets toujours un réveil. *(Il le déclenche, c'est une sonnerie très stridente façon alarme incendie)* Il casse vraiment les oreilles. Je le mets toujours en sécurité mais mon corps a intégré que je faisais des siestes d'une heure. Il a aussi intégré que le réveil était agressif et j'arrive à me réveiller une ou deux minutes avant qu'il ne sonne. Même fatigué, je me réveille une ou deux minutes avant. J'ai juste le temps soit de le relancer pour une heure, soit de l'éteindre et d'aller faire un tour sur le bateau. Il y a quelque chose d'assez déroutant depuis qu'on fait vraiment de l'Est, plein Est, c'est que les journées changent à une vitesse folle. Tous les jours il fait nuit une heure plus tôt, et jour une heure plus tôt. Hier, par exemple, il a fait nuit à 16 heures et jour à 23 heures. J'étais déjà parti dans ma journée que vous, vous alliez vous coucher. En plus, vu qu'on est dans l'été austral, c'est exactement comme l'été en Finlande, il y a peu de nuit. Pour l'instant elles font quatre heures, mais quand je vais descendre encore plus Sud elles feront à peine deux heures.

S.K. — Et tu dors une heure tous les combien ?

D.S. — Je profite des moments où il fait sombre. Notre corps est quand même habitué à dormir quand il fait sombre. Quand je dors la journée, je mets un masque sur les yeux, comme dans les avions. Mon rythme idéal, c'est entre cinq et six heures de sommeil. Mais avec quatre heures je m'en sors.

S.K. — Sur terre tu dors combien ?

D.S. — Je suis un gros dormeur à terre. Mais sur le bateau c'est du conditionnement. Dans l'heure où je dors, je ne fais jamais le cycle de sommeil complet. J'ai juste la phase de sommeil profond, réparatrice. Ça veut dire que mes quatre ou cinq heures de sommeil, ça équivaut à huit ou neuf heures que je pourrais faire à terre. J'enlève toute la phase de sommeil paradoxal. Les rêves et tout ça, ça ne fait plus partie de mon sommeil. Quand je me réveille, au bout d'une heure, j'ai la patate. Mais j'arrive à tenir ce rythme-là parce que je suis en course.

S.K. — Bon j'ai l'impression que c'est le moment de prendre cette heure ! Bonne semaine.

Message audio du lendemain.

« Salut Sam, c'est Damien, je voulais juste revenir sur hier, dire que c'est quand même incroyable dans une course comme le Vendée Globe de se retrouver à cinq bateaux comme ça à moins de deux kilomètres, même pas. C'était génial, un bon moment de convivialité aussi. Comme il y avait peu de vent on a pu échanger, ça faisait plaisir à tout le monde ce petit moment de décompression dans la régate. Maintenant c'est reparti à donf. Et puis pour te dire aussi que j'avais un peu de mal, quand même, avec les changements d'horaires. Le soleil se couche de plus en plus tôt chaque jour, et les nuits sont de plus en plus courtes. Je continue à vivre en regardant l'horloge et forcément, comme j'ai beaucoup de contacts avec des gens en France, je suis aussi rythmé par l'horaire de France. Tout ça me brouille la façon de vivre à bord, de manger, de dormir, etc. Alors manger, j'y arrive correctement, je fais simple, je prends mon petit déj quand le soleil se

lève, quand j'ai faim je mange à midi et quand ça se recouche je reprends un repas, mais pour le sommeil c'est pas évident. On en rediscutera un peu plus tard, bonne journée à toi !»

Semaine 6

Au bout du monde

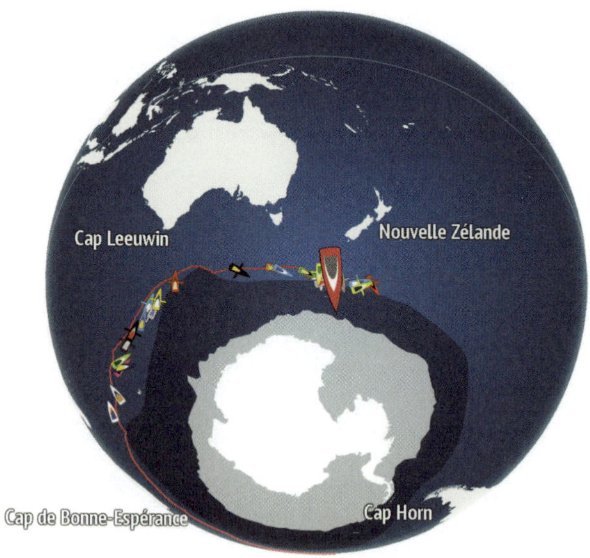

Dimanche 20 décembre 2020,
12 h 50

Vent : 15 nœuds
Vitesse : 12,3 nœuds
Cap : 151°
Température : 6°
Vagues : 2 mètres
Classement : 7ᵉ

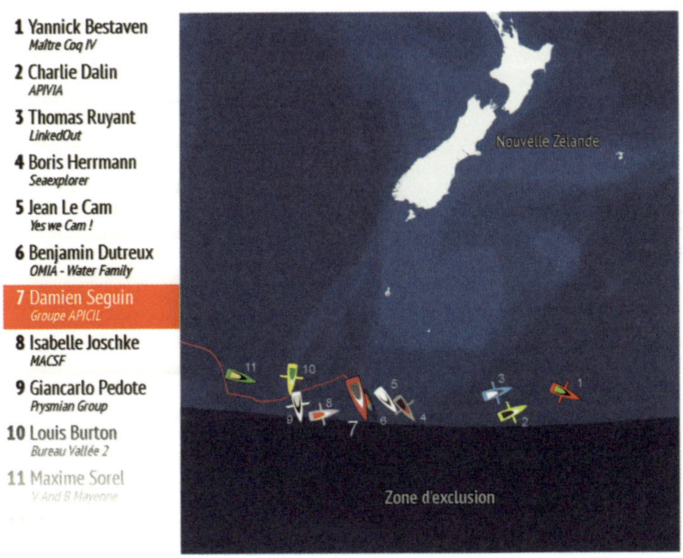

Sam Karmann — Comment va ? Il est quelle heure pour toi là ? Pour nous il est 12 h 50.

Damien Seguin — Je ne sais pas. J'ai toujours l'heure UTC[1] affichée, mais le soleil est en train de se coucher. Enfin, le soleil… Il n'y en a pas eu beaucoup aujourd'hui.

S.K. — C'est quoi tes paramètres là ?

D.S. — J'ai entre 10 et 12 nœuds de vent, il n'y a pas de houle, le bateau ne tape pas, je ne peux rien faire pour aller plus vite. Les voiles sont bien réglées, le pilote barre bien…

S.K. — J'ai vu sur une des vidéos que tu postes que tu mettais des lunettes de luminothérapie. Comment tu as pensé à emporter ça sur le bateau ?

---

1. UTC : *Universal Time Coordinated*, mot anglais pour Temps Universel Coordonné, base du temps civil international.

D.S. — J'avais identifié ce besoin chez moi, à cause des hivers bretons. J'ai grandi en Guadeloupe et, depuis plusieurs années, je remarque que les jours où il fait gris, je suis de mauvaise humeur. J'ai discuté avec un spécialiste du sommeil et je lui ai dit que je craignais l'accumulation des jours sans soleil dans le grand Sud. Il m'a parlé de la luminothérapie et, l'hiver dernier, j'ai acheté cette paire de lunettes. Je ne vais pas dire que c'est miraculeux mais ça n'a pas eu d'effet négatif et j'ai décidé de les embarquer sur le Vendée Globe. Par contre, là, je vois plus d'effets positifs que l'hiver dernier à la maison.

S.K. — Il y a peut-être une part psychologique.

D.S. — Oui, c'est peut-être placébo, mais je pense que ça marche un peu. On fait beaucoup d'Est et le rythme des journées est très perturbant. Le soir et le matin arrivent beaucoup plus vite, ce sont des journées de 22 heures au lieu de 24. Le corps a beaucoup de mal à s'habituer à ça. Du coup, le matin, c'est le matin, je prends ma dose de soleil avec les lunettes de luminothérapie, et voilà. Ça rythme un peu la journée.

S.K. — Dis donc, tu rentres à la maison maintenant, tu as fait plus de la moitié !

D.S. — Oui ! Tous les milles que je fais me rapprochent de l'arrivée. C'est génial.

S.K. — Mais c'est toujours vers l'Est. Ce décalage horaire va diminuer en remontant dans l'hémisphère Nord, mais va rester quand même jusqu'à la fin.

D.S. — Oui. Dans un jour et demi, je passerai l'antiméridien. Jusque-là, je suis en avance sur vous. Là, pour moi c'est le soir et pour vous c'est le matin de la même journée. Dès que je passerai l'antiméridien, ce sera l'inverse. C'est l'histoire de ces fameuses îles, Antipodes Islands, qui sont les premières îles à passer au nouvel an. Celles qui sont juste de l'autre côté du méridien, sont les dernières à le fêter. À partir de l'antiméridien je serai la veille au soir et vous le lendemain matin. Mais évidemment ça ne change rien à bord.

S.K. — Je t'ai quitté dimanche dernier après une moitié de semaine très dure pour finir en pleine forme, tu avais réparé tes pannes électriques, le bateau marchait bien, tu avais bien dormi… Une semaine plus tard comment on te retrouve ?

D.S. — J'ai un peu le moral dans les chaussettes. Ça date de la nuit dernière. Le bateau allait bien, j'étais dans le groupe, bien placé, le vent commençait à revenir… et je me suis fait surprendre dans un grain. Je ne l'avais pas vu venir parce qu'il faisait nuit. C'est monté à 30-40 nœuds. J'ai essayé de rouler mon grand gennaker, je n'y suis pas arrivé et il a explosé. C'est la deuxième voile que je perds. Ça commence à être problématique.

S.K. — Merde… Elle est partie ?

D.S. — Non, les lambeaux sont dans le bateau. Mais je ne peux absolument pas la réparer. C'est vraiment le truc con. Je sors à l'extérieur du bateau, je me dis « le vent monte, il faut que je préserve cette voile », donc je commence à la rouler et c'est parti en vrille totale. C'était tellement la galère, la voile était en train de se redérouler, j'ai cru un moment que j'allais foutre le mât par terre sur un violent départ au lof[1]. Quand j'ai relevé la tête et que j'ai vu que le mât était toujours en l'air, je me suis dit qu'il était vraiment solide. J'ai mis trois heures à ramener la voile. J'étais exténué, j'ai vraiment vécu une sale nuit complète. Depuis « mon » matin, j'ai discuté avec pas mal de gens et j'ai réussi à relativiser un peu, mais j'étais au fond du trou. Je suis cramé physiquement, je ne sens plus mes bras, je n'arrive même pas à serrer une tasse dans la main tellement j'ai mal aux doigts. Sans cette voile-là je vais perdre des milles. C'était ma voile de portant. Mon côté compétiteur en prend un sacré coup. À côté de ça, j'ai réussi à sauver le bateau, je suis toujours en course, il me reste des voiles pour terminer, j'ai passé la moitié… Si je relativise, je pense que je n'ai plus rien à prouver sur ce Vendée Globe. Tout ce qui me reste à faire c'est ramener le bateau à la maison. Boucler la boucle.

S.K. — Tu vas forcément perdre des milles ? Même si tu prends les meilleures options possibles ?

1. Départ au lof : violent écart de route du bateau qui se couche sur l'eau.

D.S. — Non, pas forcément. La météo des prochains jours n'est pas favorable pour moi mais ce qui peut me sauver c'est qu'il y ait plus de 20 nœuds de vent – c'est pas trop le cas pour l'instant – et que j'arrive à prendre de belles options. C'est comme ça que je sauverai ma peau. C'est pas impossible. Et puis tout le monde a des emmerdes sur son bateau. Ça jouera aussi.

S.K. — Tu es perdant en petit temps, mais plutôt gagnant au-dessus de 17 nœuds, c'est ça ?

D.S. — À partir de 17 nœuds je peux limiter la casse. J'ai les voiles qu'il faut. En dessous de 15 nœuds, sans gennaker, c'est compliqué.

S.K. — Ça veut dire que si tu veux rester compétiteur, tu es obligé de prendre des risques ?

D.S. — Oui et non. Quand tu fais du routage, tu n'as pas 36 milliards de possibilités. Surtout dans le Pacifique, où il faut souvent rester collé à la zone des glaces. Et, pour l'instant, ils ne prévoient pas de coups de vent…

S.K. — Boris Herrmann a fait une belle remontée.

D.S. — Oui, en même temps il a le bateau pour gagner le Vendée Globe. Je le connais bien Boris, on discute beaucoup ensemble. Il n'était pas content de sa course, il me disait qu'il avait fait plein de mauvais choix. Là, visiblement, il a réussi à trouver les manettes. C'est ça qui est formidable dans un tour du monde comme le Vendée Globe. Tu as le temps de te refaire. Regarde Louis Burton. Il fait un début de Vendée Globe sensationnel et là il est aux îles Macquarie. Il s'est arrêté pour réparer et il peut perdre beaucoup d'heures. Mais rien ne dit qu'il ne reviendra pas[1].

S.K. — Techniquement, il te reste quoi comme voiles d'avant ?

D.S. — Le J1 et des voiles de près. Je peux faire du portant avec mais c'est vraiment pas génial. Faut que je trouve des combinaisons de voiles qui vont ensemble, pour essayer d'augmenter ma surface de voilure et trouver des angles intéressants. Au pointage de 11 heures j'allais plus vite et j'avais le même angle que Benjamin Dutreux, alors qu'il a les voiles de portant. Ça m'a surpris. Donc, il y a des moments où j'arriverai peut-être à sauver ma peau. Maintenant, peut-être qu'il a un souci lui aussi.

S.K. — C'est la beauté de cette course, le temps long. Tu as le temps de passer par tous les états, des hauts, des bas, ne désespère pas. Et effectivement, du point de vue de la terre, ta course est magnifique. Donc, ramène le bateau quoi !

D.S. — Oui c'est ça. Alors je ne vais pas faire ça en mode croisière, c'est absolument pas mon style.

1. Louis Burton finira sur le podium, troisième...

Mais je dois travailler sur moi pour accepter le fait que je ne puisse pas être à 100 % à cause de ces voiles que je n'ai plus. C'est vraiment le plus gros du travail pour moi. Parce que je suis un compétiteur, je suis capable de me faire très, très mal pour me donner à 100 %. Et là je sais que même en me faisant mal je n'arriverai pas à ces 100 %. C'est vraiment un travail psychologique que j'ai à faire. Faire le deuil de quelque chose pour être plus fort ailleurs. Ce matin je ne m'en sentais absolument pas capable. J'ai passé la nuit à pleurer, tout seul comme un con. Je n'arrivais pas à voir le bout du truc, j'avais du mal à accepter ce qui m'arrive. Là, quelques heures après, ça va un peu mieux. C'est un long travail.

S.K. — C'est un nouveau challenge.

D.S. — Oui, c'est ça.

S.K. — Cette course, c'est un challenge après l'autre. Quand il n'est pas technique, il est moral.

D.S. — D'un jour à l'autre, la course peut basculer d'un côté ou d'un autre. Tu ne peux rien prévoir vraiment. C'est un peu sans pitié.

S.K. — Et sinon, à part ce moment tragique, samedi…

D.S. — Il y a eu le moment où on s'est retrouvés à cinq bateaux ensemble. C'était complètement inattendu. On savait que ça pouvait arriver, mais de là à se regrouper en l'espace de quelques kilomètres... on se voyait tous les uns les autres, c'était génial.

S.K. — C'était l'euphorie de cette première partie de semaine, tu m'as envoyé ce message audio.

D.S. — Exactement. Notre groupe arrivait dans des conditions de vent très faible, pour la première fois depuis le début de notre course. Ça a permis à Boris et à Louis de revenir sur nous. On était un groupe de trois avec Benjamin et Jean, on s'est retrouvé à cinq, paumés au milieu de nulle part, le long de la zone des glaces. Il y en a qui avaient des drones à bord du bateau. Ils les ont fait voler pour filmer les autres. On discutait à la VHF. C'était un déconfinement à notre manière, c'était assez incroyable.

S.K. — Un week-end potes.

D.S. — Oui ! On était tous hyper contents de se retrouver. Et puis la nuit est tombée, le vent est revenu, chacun a tracé de son côté et c'est reparti en mode course.

S.K. — C'est comme les soldats allemands et français le 24 décembre à Verdun. Ils ont pactisé le temps du réveillon avant de se foutre à nouveau sur la gueule.

D.S. — Exactement ! Il y a eu deux autres moments marquants. Le passage de la mi-course, et quelques heures après, le passage dans l'océan Pacifique. Quitter l'océan Indien pour découvrir un nouvel océan dans lequel je n'ai jamais navigué. On a enfin quitté cet océan Indien qui a été si compliqué au début. Ça fait du bien de tourner cette page-là.

S.K. — Tu sens vraiment une différence ?

D.S. — Pas pour l'instant. Comme on n'a pas de baston ça nous paraît cool. Mais j'imagine qu'avec la même tempête qu'on a eue dans l'océan Indien, c'est le même genre de lessive. Ceux qui ont l'habitude de faire le tour du monde disent que la houle est différente dans le Pacifique, plus longue, un peu plus douce que la mer cassante de l'océan Indien. Je vais le vérifier les prochains jours. Mais symboliquement, changer d'océan, c'est bien. C'était l'objectif, de parcourir les trois grands océans de ce globe. Et je suis dans le dernier océan avant de revenir en Atlantique. C'est top.

S.K. — Et dans cette semaine qui a été réparatrice, tu as fait une vidéo avec des petits d'école primaire.

D.S. — Oui, vendredi fin de matinée heure française, on a fait un live. Ça a marché de folie. J'étais en direct sur le bateau et il y avait 324 classes connectées. Tu multiplies par une moyenne de 25 élèves, c'est comme si j'avais rempli un Zénith.

S.K. — Pendant combien de temps ?

D.S. — Quarante-cinq minutes. Au début, Jean-Charles a fait un point avec la cartographie pour leur expliquer où j'étais, des points techniques, etc. Et ensuite c'était un jeu de questions/réponses. J'avais les questions avant. Ça m'a permis de répondre à la plupart. Que ça ait fonctionné techniquement, c'est déjà une super réussite.

S.K. — Tu as eu des questions surprenantes ?

D.S. — Non, c'est toujours un peu les mêmes. Ça finit toujours par une question un peu rigolote, « comment tu fais pour aller aux toilettes », ce genre de choses. C'est normal, ils ont besoin de savoir, parce que quand tu leur dis que tu n'as pas de toilettes, pas de douche, etc., ils se demandent toujours comment tu fais. Je leur dis que je fais dans un seau, que je jette ça à la mer, que les poissons le mangent et que, eux, ils finissent par manger le poisson à la cantine. Ils font « baaaah, c'est dégoûtant », et voilà. C'est drôle quoi. Il y avait des classes de toute la France et même des classes étrangères connectées. On refera une deuxième session en janvier parce que depuis il y a un nombre incalculable de classes qui l'ont demandé. Des classes de CM1-CM2.

S.K. — Semaine 4, tu avais cassé tes aériens. Comment tu fais maintenant ?

D.S. — J'ai essayé de monter au mât avant-hier, mais je me suis arrêté à la moitié, il y avait trop de houle. Je me suis fait défoncer, j'ai cogné le mât violemment deux ou trois fois, j'ai eu peur de me casser les côtes, je suis redescendu. J'ai remis ça à plus tard. C'était pour voir au moins ce qui se passait, si c'est réellement cassé, si c'est déconnecté… Là j'ai toujours mon aérien de secours fixé à l'arrière du bateau. Ça ne fonctionne pas hyper bien mais ça me donne une référence. C'est quand même important d'avoir ça pour se caler un peu sur la force du vent ou un angle... Surtout quand il fait nuit et que tu n'as pas de repères.

S.K. — Est-ce que tu as communiqué avec les autres ta mésaventure de cette nuit ?

D.S. — Oui. Contrairement à la première fois, là on l'a dit. Les gens commencent à se poser beaucoup de questions, ils me voient ralentir et ça les inquiète. Certains ont téléphoné à mes parents pour savoir ce qui se passait. Il y a tellement de gens qui suivent, tu es un peu obligé de dire la vérité, sinon ils se font du mouron.

S.K. — Tu as fait quoi dans cette petite semaine tranquille ?

D.S. — C'était soutenu quand même. Les conditions n'étaient pas dantesques mais ça régatait vraiment fort, il y avait des options à prendre, j'étais au taquet. J'ai profité des quelques fois où on a eu peu de vent pour aérer le bateau, le sécher, ranger des choses, tout ce que je n'avais pas eu le temps de faire. Il y a un endroit dans le bateau où je stocke mes sacs de nourriture. Je n'avais pas vérifié depuis environ 15 jours. Ils baignaient dans la flotte. Ça m'a permis de résoudre ce problème-là. J'ai essayé de retrouver une hygiène à peu près correcte en me lavant, en me changeant.

S.K. — Tu dois continuer à écoper tous les jours ?

D.S. — J'ai réussi à réparer ça.

S.K. — Comment tu vois les 48 heures qui viennent ? Stratégiquement ?

D.S. — Pour l'instant je suis un peu fataliste. Les conditions des deux prochains jours ne me sont vraiment pas favorables maintenant que je n'ai plus mes deux gennakers. Après il peut y avoir des bonnes surprises, un peu plus de vent que prévu qui me permettrait de limiter la casse. J'ai réfléchi aujourd'hui. Demain j'essaierai une combinaison de voiles en déplaçant des trucs sur le bateau. Pour augmenter ma surface de voilure. Je vais mettre deux voiles qui ne vont pas ensemble normalement, comme le J1 avec la Mule, par exemple. C'est pas dans ma nature de rester les bras croisés sans rien faire. Je vais essayer plein de choses avant de dire que c'est pas possible d'aller plus vite.

S.K. — C'est combien de nœuds de moins sans le gennaker ?

D.S. — Facilement 2 nœuds. Et 2 nœuds par heure, à l'issue d'une journée, ça fait plus de 40 milles. C'est beaucoup. Il va falloir que je sois intelligent pour les compenser. En essayant de faire un peu moins de route aussi. Ou alors, si je fais plus de route, en essayant de trouver plus de vent. Et puis que j'aie un peu de chance aussi. On parle beaucoup de malchance mais il nous arrive aussi d'avoir de la chance, il ne faut pas le négliger ça.

S.K. — Tu peux identifier les moments où tu as eu de la chance depuis le départ ?

D.S. — *(longue réflexion.)* C'est une colle. Je peux assez clairement identifier les moments où j'en ai pas eu, mais les moments où j'en ai eu, je ne sais pas. On a plutôt tendance à transformer la chance en bravoure. Il y a des moments où j'ai été très bon *(rires)*. Par exemple, quand tu as un peu plus de vent que ce qui était prévu. Ou alors, dans une dépression forte, d'en avoir moins que prévu, de se faire moins secouer. Mais là, maintenant, je peux dire que je n'ai pas de chance. Parce que, selon le fichier météo, je devrais avoir 17 nœuds de vent, et j'en ai 10. C'est pas de bol.

S.K. — La météo est réactualisée tous les combien ?

D.S. — Toutes les six heures. Mais tu n'es pas obligé de la reprendre toutes les six heures. Ça dépend du système dans lequel tu es. Si c'est un système assez stable, dépressionnaire, tu peux te contenter d'un seul fichier par jour. Si tu es dans des trucs un peu louches, tu peux prendre deux ou trois fichiers par jour, compléter avec des images satellites, etc. Tu peux faire vraiment beaucoup de travail météo et passer énormément de temps à la carte si besoin.

S.K. — Bon, Damien, j'imagine très bien les douze heures que tu viens de passer avec la perte de cette voile…

D.S. — Oui, c'est comme ça. C'est pas la première fois que ça m'arrive. Depuis le début, j'ai eu quelques vrais coups durs. Je me suis toujours relevé. Il faut que j'arrive à passer au-dessus de ça. Ça fait du bien de parler. C'est vrai que tout seul sur le bateau il y a des moments où je broie du noir. C'est pas facile.

S.K. — Tu sais que tu peux appeler quand tu veux, en dehors de nos rendez-vous hebdomadaires. Nous, on est confiné, on est cas contact, on ne fait rien de notre vie et on n'a pas le droit de sortir. On est chez nous comme des cons, prisonniers.

D.S. — Ah ben bravo ! C'est aussi des choses comme ça qui permettent de mettre en perspective ce que je vis aujourd'hui. J'ai l'impression d'être au bout de ma vie parce que j'ai perdu un gennaker, mais mon bateau est en bon état, je continue, je suis dans le Vendée Globe et je l'ai choisi. Je ne suis pas confiné dans un appartement à Paris sans savoir quand je pourrai en sortir. J'ai compris que les cas explosent, que personne ne sait vraiment quand il y aura le déconfinement, si vous pourrez réellement faire les fêtes de fin d'année… Vous ne pouvez pas dire que le 20 janvier tout sera terminé. Moi, je sais que fin janvier le Vendée Globe sera sur la fin. Pour vous la torture est pire. Vous ne savez pas quand vous allez vous en sortir.

S.K. — Ne t'inquiète pas, quand tu rentreras, bienvenue au club !

D.S. — J'espère que quand je rentrerai il y aura au moins du public autorisé à venir nous voir. Déjà qu'on n'a eu personne au départ, si on revient et que c'est désert, ça va être la catastrophe. Moralement ça va être dur.

S.K. — Et tout va bien à la maison ?

D.S. — Ça a l'air. Tifenn est montée à Paimpol pour voir son papa, elle y est depuis hier soir. Les enfants sont en vacances. Ils ne savent pas encore exactement ce qu'ils vont faire. J'ai l'impression que les gens vivent un peu au jour le jour. Ce qui est autorisé, ce qui ne l'est pas, des fois c'est du jour au lendemain.

S.K. — Oui, c'est une drôle de période.

D.S. — Je te souhaite un bon dimanche après-midi. Pour moi, il fait nuit noire. Comme les conditions sont assez cool je crois que je vais profiter de cette nuit pour rallonger un peu mes quarts de sommeil, pour refaire le plein de mes batteries personnelles. J'en ai besoin. Je vais manger un peu de Beaufort avec du pain, pour mon moral.

S.K. — Tu arrives à dormir plus d'une heure, maintenant que tu es conditionné ?

D.S. — Je n'ai pas tellement envie de rallonger l'heure de sommeil, mais d'en faire plus pendant la nuit. Les journées comme ça sont souvent un peu longues. Je vais me rapprocher de la zone des glaces donc j'aurai un empannage à faire dans cinq, six heures. Rien de bien compliqué. Je vais commencer un nouveau bouquin et essayer de me nourrir correctement. Ce sera bien.

S.K. — Il ne fait pas trop froid ?

D.S. — Il fait 7 degrés. J'ai un peu allumé le chauffage pour sécher les affaires, notamment le ciré que j'avais la nuit dernière et qui est complètement trempé.

S.K. — Normalement, dans les 24 heures qui viennent, il n'y aura pas plus de vent.

D.S. — Non. Si ça pouvait monter au-dessus de 15 nœuds ce serait super, mais il n'y a pas de coup de vent prévu.

S.K. — Bon, repose-toi, on est avec toi, on pense à toi !

Semaine 7

Le point Nemo

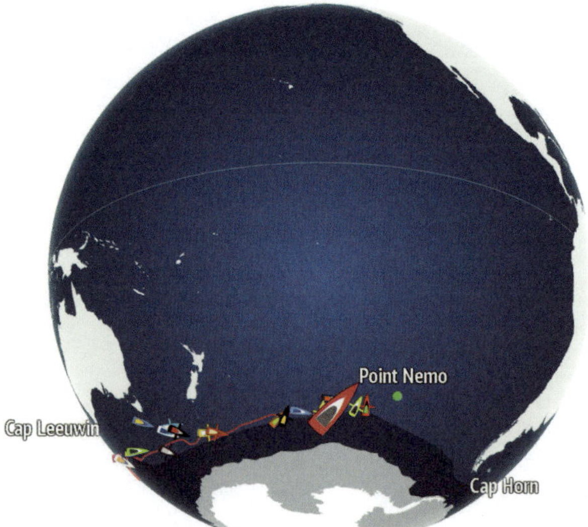

Dimanche 27 décembre 2020, 19 h 05

Vent : 12 nœuds
Vitesse : 10,3 nœuds
Cap : 81°
Température : 8°
Vagues : 2 mètres
Classement : 4e

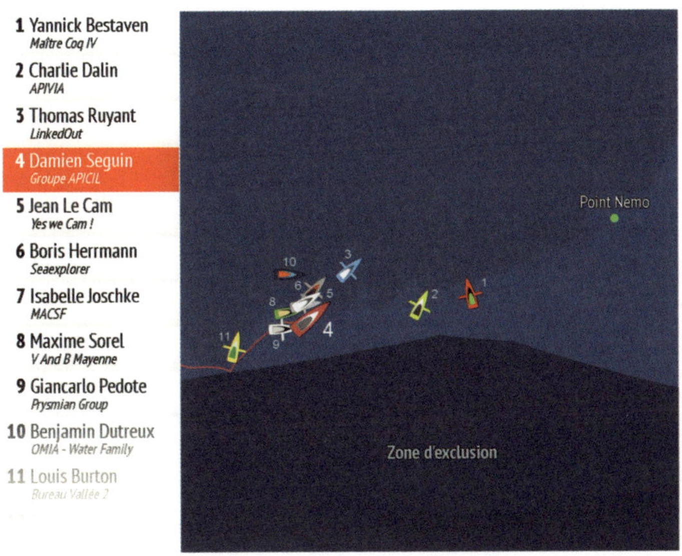

Sam Karmann — Comment ça se passe ?

Damien Seguin — Plutôt pas mal. Ça avance à nouveau un peu, c'est cool.

S.K. — Vu ton cap, tu piques un peu vers le 100°, ça te fait faire une route un peu moins longue.

D.S. — C'est surtout ça l'idée, couper un peu le fromage par rapport aux autres.

S.K. — Comment tu as vécu cette semaine ? Calme comme la météo, ou impatient ?

D.S. — C'est vrai que je n'aime pas le petit temps, mais là j'ai été relativement calme, c'est bien, je m'améliore ! Ça a été dur parce que c'était pas seulement du petit temps, c'était aussi très variable, en force et en direction. En plus ceux qui étaient derrière revenaient ! C'était assez pénible à vivre. Je suis bien content d'en être sorti. Ça fait un joli groupe maintenant, ça va être une belle bataille jusqu'au cap Horn, et même ensuite dans la remontée de l'Atlantique. Tout le top 10 est là, à part les deux premiers qui sont plus échappés, mais qui ne sont pas si loin que ça.

S.K. — C'est presque une nouvelle course qui redémarre.

D.S. — Oui, ça fait bizarre. On a fait 60 % du parcours, on a passé des semaines en mer. Être aussi proches les uns des autres c'est rare dans l'histoire des Vendée Globe.

S.K. — On a vu tes vidéos, celle des rorquals, c'était magnifique, et puis le plan en haut du mât à donner le vertige. Tu as réussi à réparer tes aériens ?

D.S. — J'en ai réparé un des deux. J'ai de nouveau les infos qui viennent de la tête du mât, c'est quand même plus précis que l'aérien de secours que j'avais installé à l'arrière. J'ai fait une réparation avec les moyens du bord, les connectiques ne sont pas étanches… Ça durera le temps que ça durera, mais pour l'instant ça fonctionne.

S.K. — Comment tu as fait ? Tu as rabouté les fils et tu as mis du chatterton autour ?

D.S. — Déjà je suis allé voir là-haut pourquoi ils ne marchaient plus. J'ai vu que les fils étaient arrachés. Il a fallu que je les dénude, que je les mette ensemble… J'avais prévu un peu de matos pour faire ça. Heureusement, parce que monter et descendre au mât c'est pas si facile. Je les ai mis dans des wagos, des petits trucs de jonction électrique, et j'ai essayé de régler au mieux le problème d'étanchéité avec du scotch.

S.K. — C'est quelque chose d'extrêmement minutieux à faire, à 35 mètres de haut, accroché à un harnais…

D.S. — Oui. En plus, quand je suis monté, il n'y avait pas beaucoup de vent, la mer était plate, c'étaient des conditions assez idéales. Mais j'y suis resté quasiment une heure et pendant cette heure-là le vent a monté et le bateau gîtait énormément. J'étais à 35 mètres de haut et je me disais « pourvu que le pilote tienne bien ». À un moment, ma verticale n'était plus au-dessus du bateau, mais au-dessus de l'eau. Je suis resté concentré sur ce que j'avais à faire, j'ai essayé de faire du mieux que je pouvais, j'ai fini et je suis redescendu. Là, quel soulagement ! Non seulement j'étais en bas et je ne m'étais pas fait mal, mais quand j'ai allumé l'électronique ça fonctionnait. Je ne suis pas très à l'aise en haut d'un mât. Je ne le fais pas par plaisir.

S.K. — Est-ce qu'avant de monter tu fais la balance bénéfices/risques ?

D.S. — Je suis un peu une tête de cochon. Je savais qu'il y avait un problème depuis quelques semaines là-haut, ça me taraudait. Monter au mât, c'est pénible physiquement, c'est vertigineux, c'est dur à gérer émotionnellement, mais je devais y aller. Ne serait-ce que pour savoir ce qui se passait. Et voir si je pouvais réparer. J'ai réussi les deux c'est très bien.

S.K. — Tu as prévenu le comité de course que tu montais au mât cette fois ?

D.S. — Oui !

S.K. — Ça valait le coup ? Ça affine vraiment ta navigation ?

D.S. — Oui. Surtout dans cette période de petit temps. Ça m'a permis de mieux calibrer en force et en direction. C'était important. C'est la différence entre une girouette-anémomètre placée à 30 mètres de haut ou à 2,50 mètres à l'arrière du bateau. Le vent est beaucoup plus propre là-haut, c'est beaucoup plus précis.

S.K. — Tu as eu d'autres visites cette semaine à part les rorquals ? D'autres ennuis, ou des jolies choses ?

D.S. — C'est pas mal, déjà. Entre la montée au mât et les rorquals, j'en ai pris plein les yeux. Après il y a eu Noël. Noël tout seul, je ne l'avais pas vraiment anticipé. Je ne savais pas trop comment j'allais vivre ça. J'ai essayé de le faire au mieux. J'ai disposé quelques photos. J'ai accroché une petite guirlande que ma maman m'avait préparée, avec les portraits de toute la famille, neveux, nièces, etc., des petits mots sympas. Et puis j'ai fait une visio avec Tifenn et les enfants. On a ouvert nos cadeaux ensemble. Symboliquement on a un peu fêté Noël ensemble.

S.K. — Les dates, c'est une chose importante pour toi ?

D.S. — Je ne suis pas un grand fan de Noël ou des dates en général. Mais, depuis quelque temps, tout le monde parlait de ce fameux Noël que j'allais passer tout seul. Je savais aussi que c'était important pour les enfants, donc j'ai fait ce qu'il fallait. Mais contrairement à d'autres skippers je n'avais rien prévu de vraiment spécial. Certains avaient toute une panoplie, ils étaient déguisés, le bateau était très bien décoré… Moi j'ai fait assez sobre.

S.K. — Tu en es à 50 jours de mer non-stop, ça ne t'a pas fait ressentir plus durement la solitude ?

D.S. — Non ça n'a pas été compliqué. Sur le coup j'ai regretté de ne pas avoir pris de repas amélioré, de trucs comme ça. Si je devais le refaire, je ferais un petit peu plus parce que ça vaut le coup. Des dates comme ça il n'y en a pas beaucoup dans le Vendée Globe. Il y a le passage des caps, Noël et le jour de l'an. C'est des balises dans la course. Comme on est un peu hors du temps, je pense que ça vaut le coup de les marquer d'une manière un peu plus spécifique.

S.K. — Là, tu as 12 nœuds de vent, c'est ça ?

D.S. — Un peu plus, 13, 14[1].

S.K. — C'est en train de bien monter, ça va challenger pas mal. Tu estimes être à combien de temps avec l'alignement du point Nemo[2] ?

D.S. — On devrait y être dans 3 jours.

S.K. — Et de ce point-là au cap Horn…

D.S. — Normalement, je devrais le passer le 4 janvier. Il reste une grosse semaine. Pour l'instant je suis sur les temps d'un tour du monde en 84 jours, c'était le temps de Jean Le Cam il y a quatre ans. Je tiens une bonne moyenne. Je suis encore dans le match, je suis quatrième au classement, mais on est dans un mouchoir de poche.

S.K. — Comment tu gères tes voiles par rapport aux deux qui te manquent ? Tu as trouvé des solutions ?

D.S. — Les seules solutions que j'ai, c'est d'utiliser mon autre voile de devant au mieux. Ce n'est

1. La différence des paramètres vent et vitesse du bateau s'explique par la variation de ces paramètres entre le temps de la conversation et la moyenne des pointages par tranches de 4 heures indiquée en tête de chapitre.

2. Le point Nemo : le point de l'océan le plus éloigné de toute terre émergée. Nom en référence au capitaine Nemo, le héros de Jules Verne.

pas une voile de portant, mais elle peut être utilisée au portant. Par rapport au portant VMG[1] je suis en mode dégradé, je le sais, mais j'arrive à tirer mon épingle du jeu en essayant de prendre des options un peu différentes. Là par exemple je suis un peu décalé par rapport aux autres. Juste après avoir perdu mon deuxième gennaker je pensais que j'allais me prendre une raclée, et au final pas tant que ça. Je garde espoir d'être encore dans le bon groupe au niveau du cap Horn.

S.K. — En vitesse tu ne perds pas trop ?

D.S. — Non, non, j'arrive à limiter la casse. Et le bateau est encore en bon état. C'est encourageant pour la suite.

S.K. — Je voulais aborder le sujet de la communication. Toutes ces vidéos pour le site du Vendée Globe, *Ouest-France*, les messages Facebook, etc., ce sont des choses que les marins n'avaient pas à faire dans les premiers Vendée Globe. Maintenant, non seulement tu dois skipper, mais tu dois être le VRP de ta propre histoire. Ça prend du temps, il faut y penser, le faire, tu aimes bien faire ça ?

D.S. — Autant sur une transatlantique c'est quelque chose qui me pèse, autant sur ce Vendée Globe je le fais assez naturellement. Mais ça pose

1. VMG : *Velocity Made Good*, calcule le meilleur compromis cap/vitesse.

une vraie question. On ne décroche jamais de notre relation avec la terre. C'est ça la problématique. Avant, les marins n'avaient pas le choix, ils étaient complètement déconnectés et ils vivaient leur vie de marin à 100 %. Nous on a toujours ce lien. Je le fais parce que de toute façon c'est obligatoire. Mais je me demande si c'est quelque chose que je ferais si j'avais le choix. La peur du vide, peur de cette solitude… Je n'arrive pas trop à me situer là-dedans. Est-ce que je serais mieux sans relations avec la terre ou est-ce que finalement cette obligation comble ce manque ? C'est compliqué de répondre à la question.

S.K. — En tout cas, c'est quotidien. Tu as communiqué d'une façon ou d'une autre tous les jours.

D.S. — Oui. Que ce soit avec Tifenn, avec mes parents, en envoyant une vidéo… j'ai toujours communiqué une ou plusieurs fois par jour. Maintenant c'est un peu dans mon rythme. Je ne le fais pas du tout à contrecœur. Ça me plaît aussi de partager des moments. Le coup des baleines par exemple, c'était exceptionnel. J'étais content d'envoyer cette vidéo, de partager ça. Elle fait le buzz en plus. Et puis ce Vendée Globe est énormément suivi, sans doute à cause de la situation sanitaire, et ça m'a permis de reprendre contact avec quelques cousins et cousines que je n'avais pas revus depuis quasiment vingt ans. Ils suivent parce que leurs enfants suivent à l'école. Tout le monde a un peu plus de temps.

S.K. — C'est comme si moralement, affectivement, tu n'avais jamais été seul depuis le départ.

D.S. — Effectivement. Généralement les dix premiers jours après le départ, c'est là où c'est le plus difficile d'être tout seul. Alors je force un peu le contact avec la terre, j'appelle souvent. Je me disais que peut-être j'en aurais marre après, que je n'aurais plus envie d'appeler, et puis je suis resté dans cette routine. Il y a aussi l'organisation du Vendée Globe, qui nous oblige à fournir du contenu. Chaque semaine, on a au moins deux vacations[1] et l'obligation d'envoyer au minimum deux minutes de film vidéo, quatre ou cinq photos, et deux textes écrits.

S.K. — C'est contractuel ?

D.S. — Ah oui, pour participer à la course tu signes une charte avec ces obligations. Si on ne les respecte pas, on a des pénalités financières. Au moment de l'inscription, on paie 20 000 €. Là-dessus, il y a 10 000 € de réserve. C'est là-dedans qu'ils prélèvent les pénalités. Par exemple s'il y a une semaine où tu ne fais pas de vidéo ou pas assez longue, non justifié, ils prélèvent 500 €. Et c'est pire quand tu es dans les trois premiers, ça passe à 5 000 € !

1. Vacation : communication par téléphone ou par visio avec l'organisation du Vendée Globe.

S.K. — Et ton équipe est là pour te le rappeler ?

D.S. — Oui, j'ai une attachée de presse qui tient les comptes. Elle voit ce que j'envoie. Comme je ne suis pas du tout écriture au clavier sur le bateau – je ne trouve pas ça pratique du tout – je n'envoie pas directement des mails. J'envoie des synthèses vocales. On est à la fois les acteurs et les reporters de ce qu'on fait. Et contrairement aux précédentes éditions où c'était au bon vouloir, maintenant c'est obligatoire.

S.K. — Ils animent, ils sont le relais de l'aventure pour le grand public…

D.S. — Oui.

S.K. — C'est le monde d'aujourd'hui. Et puis, filmer votre solitude, ça entretient le mythe du Vendée Globe.

D.S. — Oui. On est quand même tout seul sur le bateau, 24 heures sur 24 en train de bosser, depuis déjà deux mois, et ça fascine les gens. Le Vendée Globe est suivi aussi parce qu'on produit ce contenu. Je pense qu'ils ont dû réinventer la communication de la course pour être dans l'air du temps.

S.K. — Et l'air du temps c'est avoir accès au son et à l'image de n'importe où sur terre… Et sur mer… Évidemment, tous les concurrents ont une connexion satellitaire.

D.S. — Oui, c'est un investissement en plus, c'est pas donné. Les antennes satellite, le coût des communications, sont à notre charge. Et c'est une obligation d'avoir ça à bord. Pour moi ça va représenter 20 000 ou 25 000 euros. C'est pas anodin. C'est ce qui est paradoxal dans ce sport. On ne gagne pas d'argent. Celui qui va gagner, il gagne une petite somme, mais dérisoire par rapport au foot, à la Formule 1… Alors qu'on investit dans des bateaux qui coûtent très, très cher et qu'on met beaucoup d'argent dans la communication.

S.K. — Ce serait intéressant de voir poste par poste combien coûte ce Vendée Globe et ce qui reste pour le skipper. J'espère que ça va te faire vivre au moins l'année qui suit ! Si tu me dis qu'une fois rentré aux Sables-d'Olonne ta situation sera compliquée, c'est lamentable.

D.S. — Je suis désolé de te décevoir mais je suis dans ce cas-là. Je suis chef de projet. Avec Tifenn on a monté un projet Vendée Globe qu'on est allé vendre à un sponsor. Dans l'enveloppe budgétaire est comprise une partie du remboursement du bateau, parce qu'on est propriétaires, on a acheté le bateau. Dans mon cas, le sponsor n'est pas armateur, c'est moi.

S.K. — Pourquoi ? Quel est l'intérêt ?

D.S. — Apicil ne voulait pas être propriétaire du bateau et il nous fallait bien un outil pour travailler. J'ai fait un emprunt à la banque. On a pris de vrais risques financiers avec Tifenn. On a hypothéqué la maison. On n'a pas hypothéqué les enfants, mais presque ! Apicil nous a suivis pour la Route du Rhum puis ils se sont engagés pour le Vendée Globe. Mais je n'aurai toujours pas remboursé complètement le bateau à la fin de la course. Il faudra donc que je le vende. Ensuite il y a le fonctionnement, la partie technique du bateau. Les gens que j'ai embauchés pour l'entretenir, Jean-Charles, Guillaume[1], et tout le matériel qu'on va mettre dessus. Après il y a le salaire de Tifenn. Elle est la team manager. Si c'était pas elle, ce serait quelqu'un d'autre. Et puis il y a moi en tant que skipper, je ne suis pas salarié, si l'année se passe bien et qu'il reste un peu d'argent, je peux espérer récupérer ce qui reste. C'est pas énorme. Je veux préciser ça : je ne suis pas payé pour faire le Vendée Globe. À la fin, si le contrat avec Apicil s'arrête, on vend le bateau et je n'ai plus d'argent. Mais bon, je ne cherchais pas à me faire une retraite sur un projet Vendée Globe non plus.

S.K. — Ça n'est pas pareil pour tous les skippers ?

D.S. — Non. Dans la plupart des grosses teams, le sponsor est armateur et le skipper est payé pour faire la course.

S.K. — Ta performance devrait te permettre de trouver des sponsors pour la suite.

1. Guillaume Trotte, le boat captain, responsable de l'état technique du bateau.

D.S. — Oui. En l'occurrence avec Apicil ça se passe bien. *A priori* ils ont envie de repartir pour quatre ans.

S.K. — Mais après ce Vendée Globe ils te feront un contrat de quatre ans pour toutes les courses à venir ?

D.S. — C'est ce qu'on est en train de négocier. On va revendre ce bateau et on négocie qu'Apicil supporte l'achat du prochain. Ce serait moins stressant pour nous. Pour tout te dire, le bateau qu'on essaie d'acheter, c'est le bateau de Boris Herrmann. C'est un très bon foiler et c'est surtout un bateau que je peux tout de suite remettre à l'eau après ce Vendée Globe, et faire la saison complète avec.

S.K. — Comment tu sais qu'il est achetable ?

D.S. — Parce qu'il m'a dit, avant le départ, que son propriétaire le mettrait en vente à l'arrivée. C'est pour ça qu'on discute pas mal avec Boris. On s'apprécie l'un l'autre, il aimerait bien me le vendre à moi.

S.K. — Donc le Vendée Globe c'est la même course pour les skippers, sur Imoca, mais ce ne sont pas pour autant les mêmes équipements ni les mêmes moyens.

D.S. — C'est sûr. Il doit y avoir autant de cas que de skippers au départ. Les skippers propriétaires sont minoritaires. Ensuite tu as deux cas de figure. Soit le sponsor est armateur du bateau, soit c'est un autre investisseur. Dans les budgets de fonctionnement annuel, il y a vraiment de très grosses disparités. Ça va de 1 à 5. Avec notre budget on n'était pas malheureux, on arrivait à faire à peu près ce qu'on voulait, mais on avait une équipe réduite.

S.K. — Tu es en pleine ascension de carrière. Tu as 40 ans, aujourd'hui tu es quatrième, tu fais une course exceptionnelle, c'est obligé que ça te propulse. C'est un ascenseur dans ta carrière, c'est évident.

D.S. — Bien sûr que ça va me servir. Mais, souvent, les sponsors rechignent à donner plus parce qu'ils se disent : « On lui paie de quoi s'amuser, il ne va pas en plus gagner trop d'argent. » Ils ont du mal à comprendre que c'est un engagement. Je prends des risques énormes. Bien sûr, c'est un plaisir, mais c'est un métier ! Le sponsor donne déjà beaucoup pour le fonctionnement du bateau, il a du mal à se dire qu'il faut faire vivre un skipper avec.

S.K. — Vous en parlez entre concurrents ?

D.S. — Pas souvent. C'est pas facile. Discuter d'argent reste quelque chose d'assez tabou. Mais on sait qu'il y a énormément de disparité. On est dans un sport semi-professionnel, où il y a des amateurs et des pros. Il faut garder cette mixité. Mais si on veut plus d'équité, il faudrait structurer ce sport comme dans d'autres disciplines, avoir un syndicat de skippers, des agents qui s'occupent de nous... *(Un temps assez long)* Il va falloir que je raccroche, le vent est en train de monter, il faut que je manœuvre[1], que je change de voiles devant, donc euh... je te laisse !

1. Il faut se rendre compte que toute manœuvre sur le bateau, virement de bord (virer au vent), empannage (virer vent arrière), prise de ris ou changement de voiles, est extrêmement physique, exécutée le plus souvent avec des vents entre 20 et 30 nœuds et une gîte importante...

À titre d'exemple et pour expliquer pourquoi un virement de bord demande 30 minutes d'efforts, voilà le déroulé :

1/ matosser : déplacer tous les sacs de voiles et de matériel (400 kg) d'un bord à l'autre afin d'équilibrer le bateau.

2/ descendre la dérive au vent (manœuvre de winch).

3/ déballaster : passer l'eau de mer contenue dans des réservoirs au vent, jusque dans les réservoirs sous le vent (environ 600 litres).

4/ mettre la quille au centre du bateau (manœuvre hydraulique).

5/ envoyer le virement pour changer d'amure : pousser la barre du bateau pour faire tourner le bateau.

6/ manœuvrer les voiles : choquer (donner du mou, détendre les écoutes) la voile d'avant quand elle est à contre (contre le vent) et la reprendre rapidement sur l'autre bord à la colonne de winch.

7/ quiller : remonter la quille au vent (manœuvre hydraulique).

8/ remonter la dérive au vent (manœuvre de winch).

9/ ajuster les réglages de la GV et de la voile d'avant (manœuvre de winch).

Semaine 8

La régate du Horn

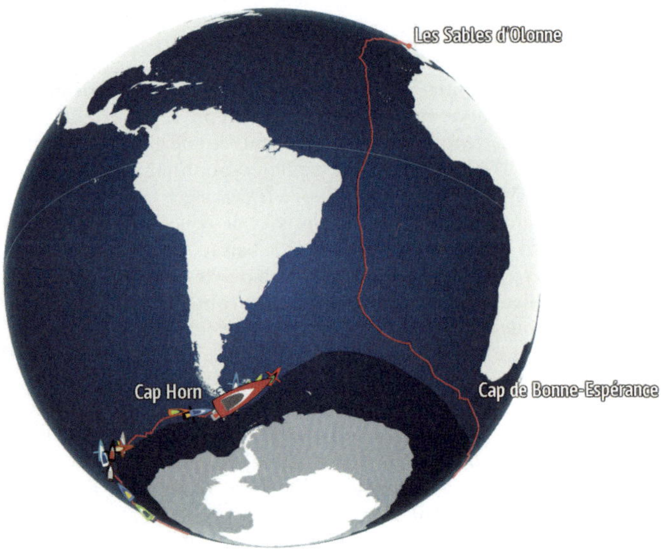

Lundi 4 janvier 2021,
19 h 43

Vent : 22 nœuds
Vitesse : 15,7 nœuds
Cap : 54°
Température : 7°
Vagues : 3 mètres
Classement : 4e

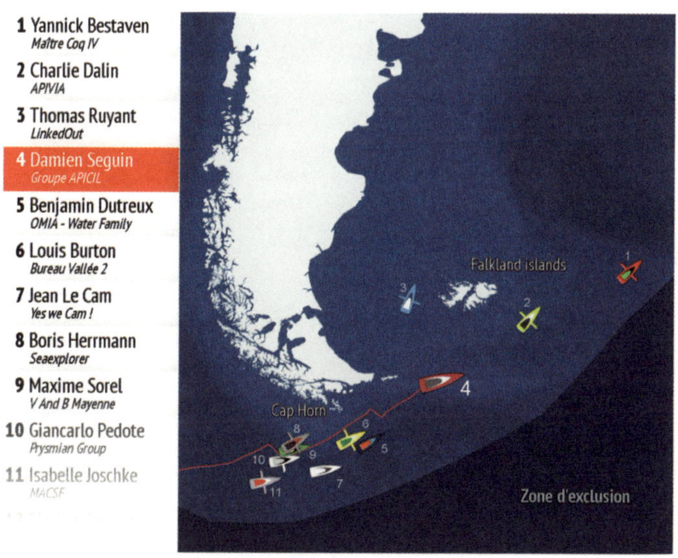

Sam Karmann — Allô… ? Tu m'entends ? Oui… Je veux d'abord te féliciter, c'est magnifique ! J'ai adoré cette vidéo que tu as envoyée hier après le passage du cap Horn ! La semaine dernière tu as interrompu la conversation parce que le vent montait, et depuis qu'on a raccroché, tu as régaté pendant une semaine !

Damien Seguin — C'est le terme, j'ai régaté. Je me suis retrouvé dans un élément où j'étais assez à l'aise, avec des adversaires très proches de moi, une situation météo intéressante et une configuration de parcours contrainte avec la limite des glaces[1]. On ne pouvait pas faire de tout droit, on devait exploiter les limites du terrain de jeu. J'ai tout de suite vu ce qu'il fallait faire et j'ai mis du charbon dans le bateau. Plus ça allait plus je creusais l'écart. Je suis passé quatrième

1. Zone d'exclusion des glaces : zone de sécurité Sud. Voir p. 116.

puis troisième, Thomas (Ruyant) est repassé troisième, je suis revenu sur lui, je suis repassé troisième, et juste avant de passer le cap Horn j'étais encore troisième.

S.K. — Oui, entre jeudi et vendredi, sur 24 heures, tu étais en tête en vitesse et en distance. Dans quelles conditions tu as passé le cap Horn ?

D.S. — Dans 25 nœuds, une mer de cinq, six mètres, de nuit. C'étaient pas des conditions trop désagréables. Le bateau avançait relativement bien, mais les 24 heures précédentes ont été assez éprouvantes. On avait 25, 30 nœuds pour remonter jusqu'au cap Horn. C'était assez exigeant. J'ai passé la longitude du cap Horn à peu près à 50 milles dans son Sud.

S.K. — Donc tu n'as pas eu la vision idyllique du rocher.

D.S. — Non, j'étais au large. D'ailleurs, pour l'instant, sur cette édition, il n'y en a pas un seul qui soit passé proche du caillou. C'est à cause des conditions météo et de la route qu'on veut suivre. Mais symboliquement, c'est passé.

S.K. — Le cap Horn, c'est quand même quelque chose de mythique pour les marins, est-ce qu'il a répondu à tes fantasmes ?

D.S. — Oui et non. Oui parce que c'est une vraie délivrance. Tu quittes les mers du Sud, il y a une vraie transition quand tu passes le cap Horn. Et non justement parce qu'on passe loin du rocher. C'est un peu frustrant. Mais bon, voilà, je suis cap-hornier ! J'ai demandé à Tifenn comment s'appelait la femelle du cap-hornier, elle n'a pas su me répondre.

S.K. — La cap-hornière ? En anglais tu serais le *Horny Man* et elle la *Horny Girl*[1]...

D.S. — J'apprécie la blague !

S.K. — Sur le plan de la course pure, tu as pu régater à 100 %. Jour et nuit sur une période aussi longue, c'est remarquable. Tu n'as pas eu de point de côté ? À la voix, tu as l'air bien physiquement...

D.S. — Oui. J'ai beaucoup dormi aujourd'hui, parce que j'étais vraiment fatigué hier soir. Je crois que j'ai une bonne capacité de récupération. J'ai eu des soucis sur le bateau, mais rien de majeur qui m'aurait empêché de faire ce que je voulais, tactiquement et techniquement. Forcément ça joue dans la performance. Quand je reviens sur Thomas Ruyant, que je le passe une première fois, qu'il me repasse, que je le repasse une deuxième fois, qu'il me repasse, que je le repasse une troisième fois, etc., jouer comme ça avec un mec qui a un bateau supersonique, lui, ça doit lui foutre les boules, mais moi ça me galvanise !

S.K. — Vous avez communiqué ?

1. Jeu de mots avec *horn*, *horny* (coquin, salace en anglais).

D.S. — Non, on était un peu trop loin l'un de l'autre. Et il n'est pas dans notre groupe WhatsApp. Il est dans son univers, dans son monde, dans sa régate.

S.K. — Je suis épaté par ce que tu fais. Tu es dans le *game* comme on dit aujourd'hui. Tu te sens grisé ? Tu arrives à garder la tête froide ?

D.S. — C'est ce qui est compliqué en ce moment. Je suis grisé par ce que je suis en train de faire et par les messages que je reçois de l'extérieur. Des messages géniaux, admiratifs… Je suis porté par ça. Mais la situation météo est tellement complexe que je peux pratiquement tout perdre en l'espace de trois, quatre jours. Je peux très bien revenir aussi, parce que même le deuxième n'est pas loin. C'est beaucoup de hauts et de bas. Il faut que j'arrive à rester sur quelque chose de plus stable émotionnellement sinon, je me connais, je vais me griller. Personne n'est capable de subir autant de variations. Parce que ça veut dire quoi ? Chaque fois que je vais gagner 1 mille je vais sauter de joie et chaque fois que je vais perdre 1 mille je vais me mettre à pleurer ? Voilà quasiment 60 jours que je suis en mer, je suis crevé, tout le monde est crevé, il en reste une petite trentaine, je ne vais jamais tenir le rythme si je fonctionne comme ça. Donc oui, je suis bien placé, je vais tout donner pour faire une belle course, je vais tout tenter pour ne pas me faire rattraper par ceux de derrière, mais je ne peux absolument pas faire de pronostic sur l'arrivée. Je risque d'être frustré, et je ne vais pas m'en relever. En olympisme j'ai eu parfois des désillusions. Les compétitions durent une semaine avec 3 ou 4 régates par jour. Il y a des jours où tu es bien, d'autres où tu l'es moins, et ce qui a fait ma force c'est mon mental. J'étais imperturbable. J'étais sûr qu'à la fin je gagnerais même s'il m'arrivait de prendre des branlées. Il faut que j'arrive à trouver cet état d'esprit. Non pas de me dire que je vais gagner à la fin, mais trouver cette confiance en moi. Me dire que je vais réussir à gérer l'avenir de la bonne façon. Hier soir, j'étais vraiment en stress. Je n'arrivais plus à analyser les prévisions météo. Je voyais tout en noir. J'allais me trouver dans des calmes, ceux de derrière allaient me revenir dessus... Dans ce cas-là tu disjonctes complet. J'étais sûr qu'ils allaient me revenir dessus pendant la nuit alors qu'ils étaient 200 milles derrière ! À un moment ton esprit confond tout. Parce que tu es fatigué, parce que tu en as marre... c'est extrêmement pénible.

S.K. — Et comment tu as géré ?

D.S. — En allant dormir.

S.K. — Et au réveil, tu as retrouvé ta lucidité ?

D.S. — Oui... J'espère.

S.K. — Comment va le bateau après cette semaine où le vent n'est jamais tombé en dessous de 22, 23 nœuds ?

D.S. — Hyper bien. Il m'a épaté. C'est vraiment le mot. Je lui ai tiré sur la tronche, il a répondu au doigt et à l'œil, il a fait le job, il a encaissé, il est allé vite, il m'a apporté de la sécurité et de la sérénité à des moments où c'était pas facile… La mer était très forte aussi et, franchement, c'est mon meilleur équipier. J'ai confiance en lui. Je peux me permettre de tirer dessus parce que je sais qu'il va tenir le coup. J'espère en tout cas ! Il y en a qui continuent à avoir des problèmes. Isabelle Joschke, par exemple, a cassé son vérin de quille. J'en aurai peut-être aussi, peut-être pas, on verra bien. C'est aussi une course mécanique. L'état de la machine fait aussi la différence.

S.K. — C'est aussi le résultat d'une bonne préparation, non ?

D.S. — Oui, c'est sûr. Il y a toujours ce débat sur foiler, pas foiler. Pourquoi les foilers ne font pas la différence sur cette édition… Je pense que la connaissance de son bateau, la capacité à pouvoir être exigeant avec lui, c'est ce qui compte. Moi, je navigue avec le mien depuis 2018. J'ai fait la Route du Rhum avec. Il n'a pas beaucoup changé de configuration. Ceux qui ont des grands foils, ils en ont parfois changé trois fois. Certains sont partis sur le Vendée Globe avec des foils qu'ils avaient changés à peine trois mois avant. Ils ne les connaissent pas assez. Ils ne peuvent pas tirer 100 % du potentiel du bateau.

S.K. — Il y a aussi le fait que, comme tu le disais la première semaine, pendant la préparation du bateau, tu as toujours pensé autant à la performance qu'à la fiabilité.

D.S. — Oui. Parce que mon objectif numéro un reste toujours de terminer. C'est le cahier des charges du début. Faire une belle régate, mais terminer. Pour ça, il faut que la machine tienne jusqu'au bout.

S.K. — Une fois passé le cap Horn, où se situe la vraie différence ?

D.S. — Dans la mer essentiellement. Juste avant, on est ouvert sur l'océan Pacifique. La mer a eu des milliers et des milliers de kilomètres pour se former. Mais dès que tu prends à gauche, tu es tout de suite protégé par les îles, puis par le continent. La mer est beaucoup plus calme, beaucoup moins longue, beaucoup moins raide. Ça change énormément. Tu sais que tu es rentré dans l'Atlantique.

S.K. — Tu es moins secoué quoi.

D.S. — Ah oui ! Ça te repose toi et ça repose la machine.

S.K. — Je vois que tu as pris la direction Est.

D.S. — Oui. Hier soir j'ai énormément travaillé la météo, j'étais complètement paumé. À un moment j'ai même effacé tout mon travail sur l'ordinateur. Il fallait que j'arrête, que je me mette à penser à autre chose et que j'y revienne une ou deux heures plus tard.

S.K. — C'est là où tu as été dormir.

D.S. — Oui. C'est très compliqué, même pour les météorologues du site du Vendée Globe. Un coup c'est rouge, un coup c'est bleu, un coup c'est noir, un coup c'est blanc, personne ne sait comment aborder ça. Il faut se faire sa propre idée et évidemment personne ne peut nous aider à bord. Donc j'ai pris une décision, je m'y tiens, l'avenir nous dira si c'est la bonne ou la mauvaise. Il y avait les deux options, soit partir à l'Ouest des Falkland, soit à l'Est, j'ai jugé que le risque était moins grand à l'Est. On verra bien.

S.K. — Quel risque ?

D.S. — Le risque de l'anticyclone et du routage d'après. On ne change pas seulement d'océan, on rentre aussi dans une autre façon de penser. Jusqu'à présent, on longeait la zone d'exclusion des glaces. Il n'y avait pas beaucoup d'options et la route la plus courte était de toute façon le long de la zone. Il fallait la longer au maximum. Là, on va se retrouver dans quelque chose de beaucoup plus ouvert. On a tout un océan pour jouer. C'est comme si tu passais d'un coup d'un couloir de 100 mètres à une forêt. Il faut comprendre le système météo à l'échelle de l'océan. On fait des routages qui nous emmènent sur le Nord du Brésil. Il faut réussir à comprendre ce qui va se passer jusque-là. C'est un casse-tête pas possible. Il faut bien choisir son camp.

S.K. — Mais il y a quand même la route orthodromique[1] qui montre le plus court chemin.

D.S. — Oui, mais avec la météo qu'on a, on ne peut pas la suivre. On est obligé de faire entre les anticyclones, les dépressions, les molles, etc. Tu peux choisir une route qui ne sera pas optimum dans le moment, mais qui sera meilleure juste après. On fait des paris. J'ai parié sur un truc où il y avait le moins de risques possibles.

S.K. — Quels risques ? Trop de vent ? Pas assez de vent ?

D.S. — Non des risques tactiques. Des risques de se mettre dans un cul de sac météo d'où tu n'arrives pas à ressortir, de perdre des milles sur les mecs de devant et que ceux de derrière te rattrapent. Le trop de vent, pas assez de vent, normalement, on arrive à le gérer.

S.K. — Mais tu as dit qu'avec les voiles qu'il te reste tu préférais être au-dessus de 15 nœuds.

D.S. — Au portant oui. Mais dans 12, 18 heures, on sera au travers ou au près. Je n'aurai plus de problèmes de voiles. Là j'ai entre 15 et 20 nœuds de vent et j'avance, j'essaie de limiter la casse dans mon avancée. Pour l'instant, derrière, ils reviennent un peu, ils ont beaucoup plus de vent, mais en l'espace d'une

1. Route orthodromique : en navigation, la route la plus courte à la surface du globe terrestre entre deux points.

semaine j'ai réussi à leur mettre 250 milles. C'est pas mal.

S.K. — Et quand tu vois Thomas Ruyant prendre la route Ouest Falkland, ça ne te trouble pas ?

D.S. — Non. Je voyais qu'il voulait la prendre depuis un moment. J'aurais pu le suivre, mais je ne l'ai pas fait pour différentes raisons. Il passe dans le détroit Le Maire entre la pointe et l'île des États et il y a des courants de marée à cet endroit-là. Lui est passé avec le courant positif mais moi j'étais trop limite. J'aurais pu l'avoir dans le nez. Quelques heures avant, Charlie Dalin était passé à cet endroit-là, et il avait galéré avec des calmes, pour finalement partir dans l'Est. Je n'avais pas envie de tomber dans des molles, ou à contre-courant. J'ai fait un contre-bord[1] et je me suis décalé. Est-ce que j'ai fait le bon choix ? Peut-être pas, mais c'était mon choix. Il y a eu un petit moment où les autres sont revenus sur moi, mais je l'avais prévu. Il y avait une bulle d'air sur ma route, je ne pouvais absolument pas l'éviter.

S.K. — Pendant la semaine qui vient de passer, quelle a été l'attitude de Tifenn ? Elle te disait de faire gaffe avec ce front qui vous projetait vers l'Est ?

D.S. — Elle me fait confiance dans la façon de gérer le bateau. Elle me mettait plutôt en garde contre moi-même. Que je ne me mette pas dans des états de

1. Faire un contre-bord : partir à l'opposé d'un autre navire.

trop grande fatigue. C'est là-dessus qu'elle a plutôt des craintes. Sinon, elle était un peu bluffée par la façon dont je régatais. Elle savait que j'en étais capable mais de là à le réaliser comme ça… On est quand même sur le Vendée Globe. Je suis quand même face à des skippers qui ont beaucoup plus d'expérience, qui ont des bateaux vachement meilleurs. Personne n'attendait un bateau à dérives quatrième au cap Horn. C'est une belle révélation je pense.

S.K. — Tu t'es épaté toi-même ?

D.S. — Épaté je ne sais pas. Disons que je suis content. Le classement me surprend, mais je ne suis pas surpris par la façon dont j'ai régaté. C'est ma façon d'être sur l'eau. J'ai une navigation à la fois assez zen, mes trajectoires sont très courbes, très lisibles, douces, pas hachées, mais ma façon de faire est agressive. Quand j'ai décidé d'accélérer, ça accélère. Quand j'ai décidé de lever le pied, je lève le pied. J'ai l'impression d'avoir vraiment maîtrisé les choses. C'est ce qui m'a le plus surpris. Arriver à maîtriser ça à l'échelle d'un Vendée Globe. J'avais des doutes encore là-dessus et là ils se sont dissipés.

S.K. — Et, *a posteriori*, content d'être monté au mât et d'avoir réparé ton aérien !

D.S. — C'est sûr. Et ça fonctionne toujours ! Donc j'ai des bonnes infos de vent. Je ne suis pas quelqu'un de fataliste, je ne pense pas que tu es forcément récompensé d'une bonne action, je ne suis pas…

S.K. — Catho ?

D.S. — Voilà. Je ne suis pas croyant dans ce sens-là. Mais je pense que les efforts paient. Monter en haut du mât, bosser une heure là-haut, c'est un effort. J'aurais aimé ne pas avoir à le faire, mais je l'ai fait et ça a payé. Et ça continue de payer. Je suis plutôt sur un mode méritocratie. Alors, pendant la remontée, je ferai peut-être des efforts qui ne seront pas récompensés, mais c'est ça aussi la régate, c'est ça le sport.

S.K. — En dehors de la joie du classement, tu as pris du plaisir à cette semaine de régate ?

D.S. — Oui ! Quand tu as l'impression de maîtriser le bateau, de maîtriser le système météo dans lequel tu es, et qu'à chaque classement tu mets des milles avec l'impression que c'est facile, c'est carrément planant !

S.K. — Là, tu seras à l'Est des Falkland dans quoi, 12 heures ?

D.S. — Oui, peut-être un peu plus. On n'a pas l'impression sur la carte, mais la remontée est vachement longue. Et puis ceux de derrière vont revenir avec du vent alors que je vais buter dans un système avec moins de vent. L'élastique s'était tendu, mais il va se détendre un peu. Il faut que j'arrive à maintenir de l'avance et repartir avant eux. Ça va être un peu le yoyo comme ça. Et aussi un yoyo émotionnel. C'est ça qu'il faut que j'arrive à maîtriser également.

S.K. — Comment tu as passé le jour de l'an ? Est-ce que tu l'as vraiment vécu ?

D.S. — Je l'ai fait quasiment en direct avec Tifenn en visio par téléphone, comme pour Noël. Je l'ai vécu à l'heure française et pas du tout à l'heure locale. En plus j'avais déjà passé l'antiméridien, donc j'ai passé le nouvel an après la métropole. Ça ne m'a pas plus marqué que ça.

S.K. — Non mais dans un an ou deux tu te souviendras que le 1er janvier 2021 tu étais au taquet par 25 nœuds de vent.

D.S. — Certainement, oui ! Mais quand tu es sorti de ton contexte social, les événements ont vraiment un impact différent. La notion de temps, la notion d'événements comme le nouvel an, quand tu es tout seul, ça a peu d'importance.

S.K. — Tu es en huitième semaine…

D.S. — Moi je compte en numéros de sacs de bouffe. J'ai des sacs pour 10 jours de nourriture. Et là j'en suis à mon cinquième sac. J'ai emporté douze semaines de nourriture contenues dans neuf sacs.

S.K. — À ce propos, la nourriture… ?

D.S. — Ben… ça nourrit. Je commence à tourner un peu en rond. Maintenant je connais tous les plats, je n'ai plus ce petit plaisir de la nouveauté. Mais ça fait le job, c'est l'essentiel. Je n'ai pas de soucis pour manger, je n'ai pas de problèmes pour fabriquer mon eau potable à bord…

S.K. — Qu'est-ce que tu aimes particulièrement ?

D.S. — Quand j'ai envie de manger quelque chose, je pense à une pizza. Quelque chose avec du goût, facile à manger. Les légumes, aussi, ça me manque. De la verdure, des trucs frais, un fruit. Mine de rien ça fait un moment que je n'en ai plus. C'est peut-être quelque chose que je modifierai dans quatre ans.

S.K. — Ça veut dire que tu penses déjà au prochain Vendée Globe ?

D.S. — Oui. Avec Tifenn et l'équipe, on a écrit le projet 2024 avant le départ. Il y a quatre ans de navigation d'ici là. Je ne suis pas certain d'y être mais on fait en sorte. J'ai un petit calepin, je prends des notes sur ce que j'aimerais changer. J'ai une page sur l'alimentation, une page sur l'outillage, une page sur les emmerdes que j'ai eues et donc ce que je voudrais mettre en place pour que ça ne se reproduise pas… C'est un cahier de doléances qui vaut de l'or. La voile c'est un sport mécanique. Il faut de l'expérience, de la maturité. Ça ne s'acquiert qu'en faisant les choses.

S.K. — Pour toi c'est le milieu de journée là… Tu sens déjà la température qui remonte ?

D.S. — On approche les 10°, c'est bien. Plus je vais faire du Nord mieux ce sera. Je m'attends à une transition assez brutale comme ça l'avait été à l'inverse à la descente. Mais j'ai hâte. Je n'en peux plus de porter des bottes et un ciré, des sous-couches polaires, etc. J'ai envie d'être un peu plus libre de mes mouvements, de mettre un tee-shirt, un short, une petite veste légère, d'apprécier le soleil. On se rend compte qu'on n'a pas besoin de grand-chose pour être heureux. Des fois un rayon de soleil suffit au bonheur !

S.K. — Mais tu vois par où il faut passer pour apprécier ça !

D.S. — C'est sûr ! Je ne sais pas encore combien de jours il me reste sur ce Vendée Globe. 28 jours ? 34 ? Aujourd'hui, les routages me donnent à peu près 13 jours jusqu'à la pointe de Récife, la pointe la plus Est du Brésil. On peut dire que c'est rapide ou que c'est lent, je ne me rends pas compte. Quand je regarde la carte j'ai l'impression que c'est rapide, mais c'est encore 13 jours pour arriver là… j'ai l'impression de ne pas avancer. Je vais essayer de prendre les jours comme ils viennent. J'ai énormément besoin du retour de l'extérieur sur ce que je fais. Sans doute parce que je suis fatigué. Et comme la météo est très incertaine, j'ai besoin de me rassurer au travers du regard des autres. J'ai besoin de cette validation. Je retrouve un petit peu ma façon de faire en olympisme. J'avais des tics et des tocs. Par exemple, il fallait qu'à la fin de chaque régate mon entraîneur ait un geste dans ma direction. Quand je franchis la ligne d'arrivée, je cherche mon entraîneur du regard, il faut qu'il me regarde à ce moment-là et qu'il fasse un geste envers moi. C'est ma façon de valider ma régate, qu'elle soit bonne ou mauvaise. Aux Jeux paralympiques de Rio, sur une régate, il ne l'a pas fait. Je suis rentré dans un état de furie, il s'en souvient encore. Je l'ai incendié. Il n'y avait aucune raison, mais il était sorti du schéma dans lequel je fonctionnais. J'ai donc besoin des autres. Vos mots, vos messages, ça valide ce que j'ai fait. Si ce que j'ai fait est bien, je n'ai pas à revenir dessus. Je peux passer à autre chose, continuer. Et je vais essayer de continuer de faire bien. C'est con, mais un sportif c'est con.

S.K. — Je suis pareil en sortant d'une représentation. Quand ma compagne est là j'ai besoin qu'elle valide avant qu'on aille dîner tranquille pour parler d'autre chose. Même si elle a vu le spectacle dix fois et que c'est la centième représentation. Mais si elle m'attaque direct sur un problème de la vie courante, ça le fait pas.

D.S. — Ben voilà. Tu comprends l'importance que ça peut avoir à mes yeux. Après le cap Horn j'étais un peu paumé. Une page se tournait mais j'étais toujours dans la régate. Ce que j'avais fait c'était bien, d'accord, mais est-ce que ça va continuer à être bien… ?

S.K. — C'est bien que tu aies pu te reposer aujourd'hui. Tu dois reprendre ton souffle, te mettre dans la remontée, repartir, être malin, fin tactiquement. Tu termines le Pacifique sur un match très éprouvant physiquement. Et tu attaques une remontée qui risque d'être beaucoup plus tactique, plus molle, en tout cas jusqu'à Récife. Après, dans l'Atlantique Nord, tu retrouveras sans doute des conditions météo d'hiver, plus rudes et à la fois qui te conviennent bien…

D.S. — Oui. C'est bien résumé. Ce Vendée Globe n'est pas encore fini.

S.K. — Alors va te faire un café et repars au boulot !

D.S. — Exactement *(rires)* !

Semaine 9

Déjà la remontée

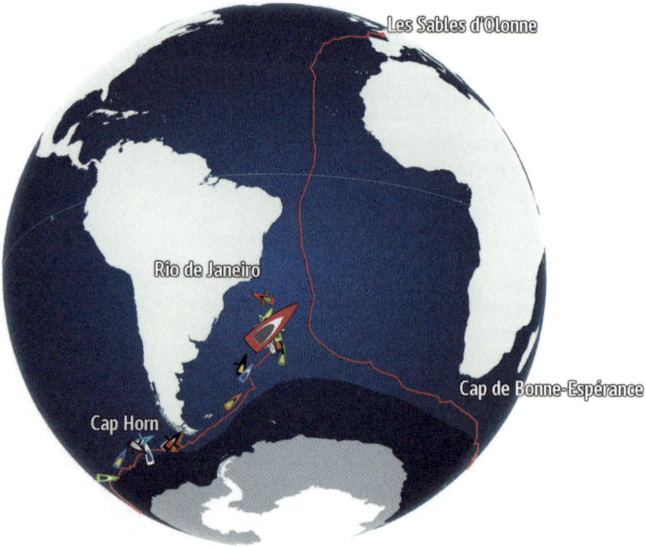

Dimanche 10 janvier 2021,
16 h 28

Vent : 11 nœuds
Vitesse : 13,9 nœuds
Cap : 334
Température : 21°
Vagues : 1 mètre
Classement : 3e

Sam Karmann — Dis donc, belle semaine !

Damien Seguin — Effectivement belle semaine !

S.K. — Dimanche dernier, tu disais avoir choisi la route Est, eh ben c'est pas mal du tout !

D.S. — Bien m'en a pris !

S.K. — Tu pointes quand même troisième à 14 heures…

D.S. — Oui, et même deuxième, à un moment, dans le courant de la semaine. Là je fais une route au N.-E. Ça ne se passe pas trop mal sur ma petite planète. J'ai retrouvé de la chaleur, il fait 25°. La transition a été rapide. Exactement comme dans le sens inverse. Il avait fait froid d'un coup. Mais cet Atlantique Sud est compliqué, météorologiquement parlant. Entre les petites dépressions, les petits anticyclones, faut avoir les yeux au bon endroit.

S.K. — Là, c'est stratégie à mort.

D.S. — Ça n'empêche pas les coups de vent. J'ai eu 20 heures au près dans 30 nœuds de vent, c'est pas très agréable. Mais les conditions sont quand même meilleures et je m'en tire particulièrement bien. Pour l'instant je n'ai pas eu de pétole où je me serais complètement arrêté, et pas de gros coups de vent non plus où j'aurais trop souffert. Pour revenir à mon option Est, ça se décide longtemps avant. Il faut être opportuniste mais en même temps on ne peut pas retraverser l'océan d'un côté à l'autre en deux jours. Une fois que tu es d'un côté, tu y restes. Je suis plutôt satisfait. On verra bien comment ça se passe dans les prochains jours.

S.K. — Ceux de devant se heurtent à des arrêts brutaux à cause de petites bulles anticycloniques. Alors que toi tu arrives toujours à trouver du vent. Tactiquement c'est juste.

D.S. — Pour l'instant, en effet, ça ne m'a trop mal réussi. Espérons que ça continue.

S.K. — Après la régate de la semaine dernière, et l'option de cette semaine, à ta voix, tu sembles en pleine forme.

D.S. — C'est vrai. J'ai vécu la même chose sur la dernière Route du Rhum. Passé la mi-course, j'ai eu un deuxième souffle et je suis reparti pleine balle. Et ça se traduit de plein de manières. J'arrive bien à dormir, je suis bien dans ma régate et j'arrive à rester assez lucide. Ça ne veut pas dire que je ferai des bons choix tout le temps, mais je retrouve mon instinct de régatier, j'arrive à prendre du temps pour réfléchir, à me mettre ma race quand je dois faire une manœuvre en urgence… Et j'y arrive parce que physiquement je suis au point, je me sens bien alerte, bien dans mon assiette.

S.K. — Au départ du Vendée Globe, tu devais avoir un petit trac. Prendre le large, t'enfoncer dans les mers du Sud, aller dans des contrées que tu ne connaissais pas… Le fait de te retrouver dans l'Atlantique, même si c'est pas celui que tu as beaucoup fréquenté, c'est comme si tu retrouvais tes marques. Tu n'es plus dans l'inconnu comme dans l'Indien ou le Pacifique, tu es à nouveau en confiance.

D.S. — Certainement. J'ai l'impression de retrouver un environnement un peu plus familier. En plus je n'ai pas du tout la pression. Pour moi le Vendée Globe est déjà réussi. Je n'ai presque plus qu'à ramener le bateau à la maison et c'est gagné. Je n'ai plus grand-chose à prouver. Après je suis un régatier. Quand je me vois à la deuxième, la troisième place, je sais que ceux de derrière peuvent aussi revenir. Et je n'ai pas envie qu'ils reviennent ! Je dois rester bien alerte sur le bateau. Mais je suis quand même détaché d'une certaine pression négative.

S.K. — En vrai, le matin, quand tu ne te rases pas, tu te vois dans les cinq premiers ? Les dix premiers ?

D.S. — C'est sûr que maintenant que j'y ai goûté, j'aimerais bien faire dans les cinq premiers. Mais on ne pourra vraiment faire des pronostics qu'une fois passé l'équateur. Il reste plein d'incertitudes dans cette remontée de l'Atlantique Sud et c'est loin d'être gagné. Mais il y a de plus en plus de gens qui m'y voient, dans ce top 5. C'est agréable.

S.K. — Peut-être aussi que, par rapport à d'autres skippers, tu as l'ADN de toutes ces courses olympiques qui font de toi un compétiteur acharné. Ou bien d'autres sont passés par là ?

D.S. — Sur l'ensemble des concurrents je suis celui qui a le plus d'expérience au niveau régate olympique. Là-dessus j'ai une expérience de dingue. En ayant fait quatre fois les Jeux et une vingtaine de championnats du monde, je suis à l'aise dans la petite régate. Mais c'est pas de la petite régate là ! Ce qui fait la différence c'est que je suis relativement en forme et super motivé. Je suis positif. J'ai l'impression que dans les vacations, peu sont positifs dans leur discours. Je trouve que je réussis à l'être.

S.K. — Tu écoutes les vacations des autres ?

D.S. — Non, mais Tifenn me raconte.

S.K. — Quelque chose t'a marqué cette semaine ? Au niveau touristique, au niveau technique ? Apparemment ça fait au moins dix jours que tu n'as plus d'ennuis techniques…

D.S. — Je n'ai plus eu de gros problèmes sur le bateau. J'ai quelques bidouilles. J'ai des cordages qui s'usent. Je travaille sur le bateau quasi quotidiennement pour réparer des petites choses, je fais de la gestion de matériel. D'ici un jour ou deux, quand je serai bien calé, je vais rentrer dans l'inspection profonde du bateau pour préparer l'Atlantique Nord, exactement comme je l'avais fait quand j'étais au milieu de l'Atlantique Sud avant de rentrer dans le grand Sud. Je vais vérifier si tout marche bien, si je n'ai rien oublié au niveau des usures et tout ça. Ça fait partie de mon job des prochains jours.

S.K. — Tu veux dire que c'est un peu les « vacances » parce qu'il fait beau, mais que lorsque tu vas retrouver l'Atlantique Nord ça va être de nouveau des dépressions, la baston ?

D.S. — Oui, voilà. Le schéma en Atlantique Nord peut être difficile. Et puis mine de rien il reste encore trois semaines, c'est pas rien ! C'est plus grand qu'une transatlantique. Ça vaut le coup de checker son bateau et son matériel.

S.K. — Tu es sur une perspective de trois semaines pour l'arrivée ?

D.S. — Oui. Sept jours pour monter à l'équateur à peu près, et puis deux semaines jusqu'aux Sables-d'Olonne. Ça nous emmène au 31 janvier ou au 1er ou 2 février. On n'arrivera pas à faire mieux vu les conditions météo.

S.K. — Mais on ne sait pas encore, dans la dernière semaine, si tu ne seras pas obligé de tirer des bords dans tous les sens, ce qui rallongerait…

D.S. — Oui c'est sûr. Je dis trois semaines, je ne suis pas à un ou deux jours près. J'ai hâte de savoir un peu plus à quelle sauce on va être mangé dans l'Atlantique Nord. Parce que ça peut être une belle fin comme un petit enfer.

S.K. — On a entendu le désespoir de Clarisse Crémer, elle disait que les fichiers météo n'étaient pas précis. C'est ton avis ?

D.S. — Oui. Dans l'Atlantique Sud, les fichiers changent toutes les six heures. Toutes les six heures on a d'autres interprétations, des anticyclones et des dépressions qui ne bougent pas comme c'était prévu… Il faut réactualiser tout le temps les données. Et puis les prévisions ne sont pas toujours hyper fiables. Il faut s'adapter. Rester vigilant. On peut vite se faire prendre à défaut dans les coups forts.

S.K. — Qui est responsable de ces fichiers météo ? Il y a des pays plus fiables que d'autres ou bien c'est international ?

D.S. — C'est national. Nous on a l'agence européenne. Il y a Météo France qui fait des fichiers, mais aussi les Américains, les Anglais, les Allemands. Il y a même des sociétés privées maintenant qui en font.

Ça nécessite de gros ordinateurs de calcul, ce sont des modèles mathématiques. Par exemple, ce matin, à 6 heures, j'ai pris des fichiers de quatre sources différentes. Je les fais tourner et je vois si ça me donne des choses vraiment différentes sur mes prévisions de route. En l'occurrence, ils étaient relativement d'accord, donc je peux leur accorder ma confiance. Mais parfois ils diffèrent.

S.K. — Chaque coureur fait ses choix de fichiers météo de tel ou tel pays ?

D.S. — Ah non, tu en prends un maximum et tu fais le tri à bord.

S.K. — Vous avez tous la même matière ?

D.S. — Non. Parce que ce sont des services payants. Par exemple, le modèle européen est à un prix exorbitant. Je n'ai pas pu me le payer. C'était 10 000 € l'abonnement pour le Vendée Globe et je ne les avais pas.

S.K. — On revient sur notre discussion de la semaine dernière. Dans cette course, la différence par l'argent est significative.

D.S. — Oui. On n'est pas sur un pied d'égalité même pour la météo.

S.K. — Et à la fois, ce qui est formidable, c'est que tu es troisième pour l'instant.

D.S. — Oui, c'est la magie des sports mécaniques. Avoir de l'argent ça te positionne dans la flotte, mais ça ne te donne pas de garantie finale.

S.K. — Attention, si c'est comme dans le cinéma, ça peut se retourner contre toi. Si tu arrives deuxième, ton sponsor – l'équivalent du producteur – va te sauter dans les bras, te dire que tu es le meilleur puisque tu fais la preuve que tu n'as pas besoin de plus de moyens pour faire le podium !

D.S. — Ça c'est sûr, ils sont bons pour ça ! *(rires)*

S.K. — J'imagine que Tifenn t'envoie de très bons retours d'Apicil ?

D.S. — Oui, ils sont très contents. En plus, depuis le passage du cap Horn, les articles sont beaucoup plus fournis, plus fouillés, de meilleure qualité. Il y a un peu plus de fond dans l'histoire.

S.K. — Oui, dès que tu accroches le peloton de tête, la presse te sollicite plus.

D.S. — C'est sûr. Dans mon clan, tout le monde en profite un peu. Ça fait du bien, c'est gratifiant. On espère que ça va durer le plus longtemps possible. Je vais me battre jusqu'au bout pour accrocher une belle place, pour continuer à faire une belle trajectoire. Je crois que j'ai encore les moyens, pendant quelques semaines, de rester à 100 %. Autant en profiter. Je ne suis pas encore complètement achevé.

S.K. — Apparemment d'autres concurrents attendent ce second souffle. Toi tu l'as déjà trouvé.

D.S. — Oui. Je me sens bien. Je pense que le retour de la chaleur et du soleil y est pour beaucoup.

S.K. — Ça sèche bien dans le bateau ?

D.S. — Oui, c'est agréable.

S.K. — Tu as retrouvé la navigation plaisir. C'est quoi les paramètres là ?

D.S. — Je ne suis pas très rapide. Il y a 10 nœuds de vent et 10 nœuds de vitesse. Je viens d'empanner, je fais l'aile de mouette[1] le long de l'anticyclone. J'ai encore cinq, six heures un peu molles puis je vais retrouver un peu de vent et un angle un peu meilleur sur la route directe. Si ça se passe comme je le prévois, c'est plutôt très bien. J'ai hâte que le chronomètre avance un peu parce que, mine de rien, les journées sont quand même longues.

S.K. — Et tu vas traverser de nouveau le pot au noir ?

D.S. — Oui, il est dans les deux sens. Sauf qu'au retour on passe un peu plus Ouest qu'à l'aller, donc il est moins important. Mais il est bien au-dessus du

1. Aile de mouette : le bateau modifie sa trajectoire en bordure de l'anticyclone, pour ne pas tomber dans les calmes. Pour cela il effectue un virement de bord ou un empannage. La forme de sa trajectoire ressemble à une aile de mouette.

Brésil. D'abord on passe l'équateur et après on passe le pot au noir.

S.K. — Qu'est-ce que tu veux vérifier sur ton bateau ? C'est quoi l'inspection d'avant Atlantique Nord ?

D.S. — Remonter un petit coup dans le mât vérifier que les drisses sont toujours bien passées, aller dans les box étanches à l'avant du bateau pour checker la structure, rouvrir les boîtes de pilote automatique pour vérifier que les branchements sont encore corrects, graisser la colonne de winch, vérifier que les winches sont toujours bien serrés, des trucs comme ça.

S.K. — Pour remonter au mât tu vas attendre d'être un peu tanké[1] dans le pot au noir j'imagine ?

D.S. — Oui, certainement.

S.K. — Tu as eu des petites visites genre dauphins ?

D.S. — Non, pas grand-chose. Dans l'Atlantique Sud il y a beaucoup moins d'oiseaux que dans le Pacifique. J'ai recroisé les premiers cargos. Pas physiquement, mais je les ai vus à l'AIS. C'est le retour de la civilisation, que je n'avais pas vue depuis le Sud de l'Australie. Depuis, je n'avais vu ni terre, ni bateau. Ça va faire drôle le jour où je vais revoir un morceau de terre, c'est sûr. Avec les transats j'ai déjà ressenti ça.

1. Tanké : arrêté.

Quand tu approches des côtes, tu sens l'odeur de la terre.

S.K. — Tu la sens avant de la voir ?

D.S. — Oui, complètement.

S.K. — Et c'est très différent ?

D.S. — Moi je n'ai aucune odeur à l'extérieur. J'ai l'odeur de la mer mais c'est mon odeur quotidienne, donc je ne la sens plus. Après j'ai l'odeur du bateau. Mais l'odeur de la terre, la pollution, cette espèce d'humidité, tout ça, c'est une odeur particulière. Ce n'est plus mon odeur de référence.

S.K. — Et la solitude ? Ça va ?

D.S. — Oui ça va. Ça commence quand même à être un peu pesant. J'ai hâte de retrouver la famille, les amis. En même temps je sais qu'il ne me reste que trois semaines. Il y a des moments où je me dis « il me reste encore trois semaines », et des moments où je me dis « il ne me reste que trois semaines ». Ça dépend.

S.K. — Tu en as fait neuf déjà ! Tu me disais, au début de la course, que tu voyais sur la carte tout le chemin à parcourir. Là tu vois tout le chemin parcouru, c'est assez jouissif quand même.

D.S. — Exactement. Et c'est pas impossible que dans quelques jours, dans pas très longtemps, je recroise la route que j'avais faite en descendant le long du Brésil. Ou que j'en passe pas loin. Ça va être sympa aussi.

S.K. — Tu es sûr de ne pas faire comme Bernard Moitessier[1] ?

D.S. — Oui, à peine arrivé il est reparti ! Non, je ne ferai pas une Moitessier. Tiens, puisqu'on a le temps de discuter, je vais te raconter une anecdote. Je vais te raconter pourquoi je m'appelle Damien. À la fin des années soixante, début soixante-dix, deux gars, Jérôme Poncet et Gérard Janichon, ont fait plusieurs tours du monde. Ils ont écrit des livres, et leur bateau s'appelait Damien. Leurs bouquins ont marqué toute une génération, dont celle de mes parents. C'étaient des gens normaux qui racontaient leurs aventures. Quand ma maman était enceinte de moi, c'était pas une grossesse facile, elle a été alitée pendant longtemps, elle a lu les *Damien*. Elle était bretonne, très reliée à la mer. Et mon papa aussi les a lus. Le titre d'un des chapitres était : « Et nous l'appellerons Damien, fêtons ça. » Ma maman a écrit au stylo-bille à côté : « Nous aussi. » Quand j'ai commencé à remonter l'Atlantique, je suis passé à côté des Malouines. C'est là qu'habite Jérôme Poncet. Il y élève des lamas.

1. Bernard Moitessier : En 1968 il participe à la première course autour du monde, en solitaire et sans escale, le Golden Globe Challenge. Alors qu'il est annoncé vainqueur, il renonce à franchir la ligne d'arrivée, abandonne la course et continue, toujours sans escale, en direction de l'océan Indien. Après dix mois de navigation, son périple s'arrête en Polynésie où il s'installe sur l'atoll d'Ahe avec sa compagne Ileana et leur fils Stephan.

Je l'ai appris avant de partir. J'ai récupéré son numéro de téléphone et je l'ai appelé. Je lui ai raconté mon histoire. C'est un vieux monsieur maintenant, il a trouvé ça excellent. Il a passé un coup de fil à son pote Gérard Janichon qui habite à La Rochelle, lequel m'a écrit un mail : « Damien c'est génial, ça fait un moment que je pensais prendre contact avec toi parce que je te suis dans l'ombre… » Je lui re-raconte l'histoire du prénom, vu mon âge il s'en doutait un peu, et voilà, on a raccroché les wagons. Il vient de finir de retaper le mythique *Damien*, son bateau, et il m'a invité à venir à bord prendre l'apéro. Tout ça pour dire que ces deux types-là ont marqué une génération avec leur bouquin, à tel point que mes parents m'ont donné le nom du bateau, et qu'aujourd'hui c'est eux qui me suivent dans mes aventures.

S.K. — Très belle histoire ! Et j'imagine la tête de Jérôme Poncet, aux Malouines, quand tu l'appelles ! Tu ne lui avais jamais parlé de ta vie ?

D.S. — Ah non, jamais ! Je lui ai envoyé un mail avant pour avoir son numéro. Bon, le mec est barré. Il faut être barré pour habiter aux Malouines avec des lamas. Il est sur une autre planète complet. Mais symboliquement c'était marrant.

S.K. — Évidemment tu l'as raconté à tes parents.

D.S. — Oui, forcément. C'est une histoire complètement hors course mais qui fait partie de l'aventure aussi.

S.K. — La dernière fois que tu es allé en Guadeloupe c'était quand ?

D.S. — L'année dernière. On est rentré juste avant le confinement. La fois d'avant j'y suis allé après l'arrivée de la Route du Rhum en 2018.

S.K. — Tes parents sont toujours là-bas ?

D.S. — Oui, oui. Moi j'ai quitté en 1989, et eux ne sont jamais repartis. Avec mes frères et sœur on est revenus en métropole finir nos études, on a fait notre vie. Mais eux y sont toujours. Ils parlent toujours de revenir mais ils ne reviennent pas.

S.K. — Si tu arrives dans 3 semaines, je vais tout faire pour être là.

D.S. — Je pense que je vais arriver le 1er ou le 2 février. Ça me ferait vraiment plaisir que tu sois à l'arrivée. Je pense que tu ne seras pas tout seul !

S.K. — Et toi non plus ! Il faudra d'ailleurs débriefer ça plus tard, quelques semaines après. Parce que ça va être un vrai truc de revenir dans le monde des Terriens.

D.S. — C'est sûr. Il va y avoir des choses très sympas, mais aussi d'autres un peu plus chiantes. C'est le lot. Tout le monde veut te voir, il va falloir que je vienne sur Paris voir quelques médias aussi… C'est des choses que je vais devoir faire mais dont je n'aurai pas forcément envie à ce moment-là.

S.K. — La rançon de la gloire ! C'est comme nous, on est très contents de faire un film mais après il y a la promo, avec toujours les mêmes questions. Et on s'entend donner toujours les mêmes réponses.

D.S. — Tu me donneras des conseils pour bien vivre le truc ! Ils ont reparlé de la réouverture des bars et tout ça ?

S.K. — Pas du tout. C'est repoussé encore. On est très loin du compte.

D.S. — On arrivera bien à ouvrir un bar clandestinement aux Sables-d'Olonne.

S.K. — Ouais. Bienvenue chez les tristes. Tu as encore trois semaines pour vivre ta passion dans de bonnes conditions. Tu fais une course magnifique, profite parce qu'ici tout le monde tire la gueule !

D.S. — Je vais essayer de ramener un peu de bonne humeur.

S.K. — Tu écoutes les nouvelles ?

D.S. — Non. Pas les actus qui touchent le Covid. J'ai une tante qui est reporter à Jérusalem, elle est très branchée actu, elle m'envoie des trucs mais plutôt au niveau international, par exemple ce qui s'est passé aux États-Unis avec Trump[1]. C'est hallucinant de bêtise ! Ce pays est décevant. Il y a une vraie fracture entre deux Amériques, entre les gens normaux et les abrutis finis. Le problème c'est que les abrutis, ils sont dangereux, ils sont armés.

S.K. — Tu auras bien le temps d'y penser à ton retour. Profite !

1. Les émeutes du Capitole.

Semaine 10

En promo

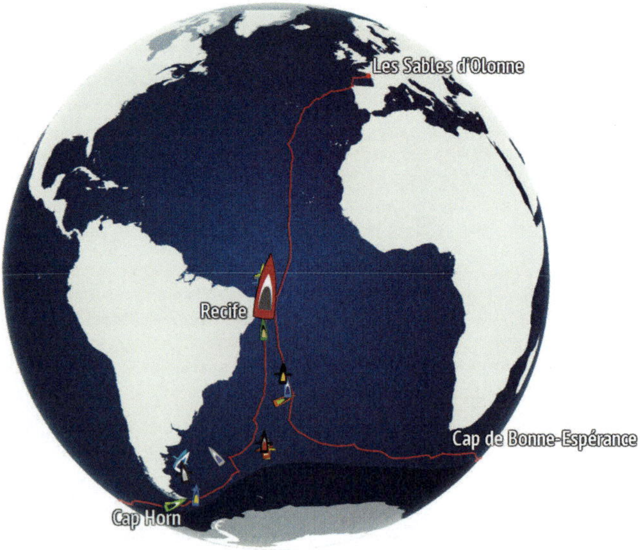

Samedi 16 janvier 2021,
18 h 58

Vent : 13 nœuds
Vitesse : 15,3 nœuds
Cap : 1°
Température : 27°
Vagues : 2 mètres
Classement : 5ᵉ

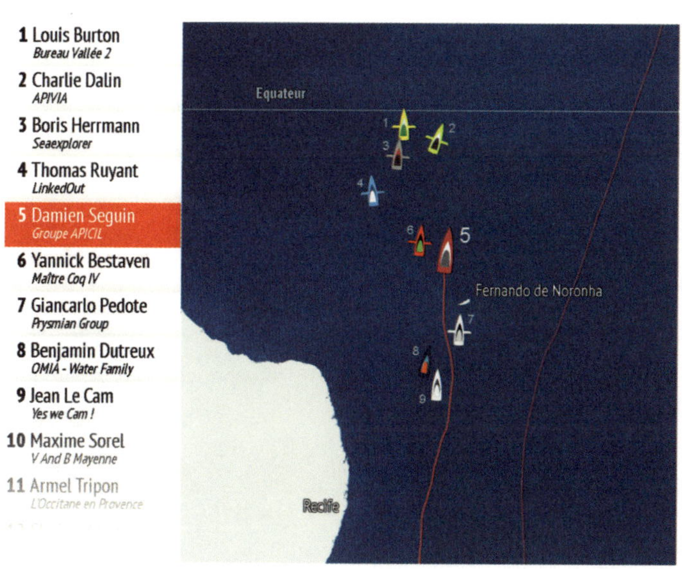

Sam Karmann — Cette fin de course c'est une conférence de presse permanente ! On te voit ou on t'entend partout !

Damien Seguin — Oui, j'ai l'impression d'être en pleine promo !

S.K. — La couverture médiatique de ta course monte en puissance. Comment tu vis ça ? Il ne faut pas faire la fête avant la fin quand même…

D.S. — C'est le piège dans lequel il ne faut pas tomber. C'est vrai que j'ai vu la différence… La charnière, je dirais que c'est la vidéo que j'ai postée en passant le cap Horn. Pour moi elle est assez anodine, c'était normal d'envoyer une vidéo au cap Horn. Mais je me livrais un petit peu, je disais que j'avais pleuré… Elle a fait le buzz parce que j'étais le premier des leaders à livrer quelque chose d'intime au moment du passage du cap Horn. Les médias se sont jetés dessus en se disant « c'est pas un extraterrestre on va aller lui causer ». Et puis mon profil particulier aussi. On est passé très vite de petites news de temps en temps à des articles un peu plus fouillés, un peu plus longs, et dans des médias différents, pas uniquement spécialisés dans le sport. Avant-hier j'ai fait une interview assez longue avec le magazine *Forbes*. La journaliste m'a dit que c'était la première fois qu'elle interviewait un sportif ! Ça prouve un intérêt différent pour mon histoire. Pour le message que j'ai envie de faire passer, c'est très bien. Alors ça me prend du temps bien sûr. Aurélie[1], qui s'occupe de tout ça, me précise bien que c'est à moi de dire oui ou non. Je n'ai aucune obligation. J'en ai d'ailleurs décalé certains. Mais je m'y prête assez volontiers parce que j'ai du temps en ce moment. Ce ne sera peut-être pas le cas sur la toute fin de course. Si je livre vraiment bataille avec les autres dans du temps fort, je ne pourrai pas le faire. Mais là je le fais de bon cœur. Et puis ça fait partie de mon job.

S.K. — Tu as précisé à la journaliste de *Forbes* que contrairement à ceux qu'elle interviewe d'habitude, tu n'étais pas millionnaire ?

D.S. — *(rires)* Oui ! C'est pour ça que ça m'a surpris qu'elle m'appelle. Je lui ai dit : « Je ne peux pas vous inviter. Il est peut-être grand, mon yacht, mais le confort est spartiate ! »

1. Aurélie Bargat, attachée de presse.

S.K. — Il y a eu aussi un très bel article de ton pote Yoann Richomme, qui confirme la perception que j'ai de toi. C'est-à-dire que tu es un immense marin et « en plus », tu as une main en moins. Pour l'instant je dirais que ton handicap c'est pas que tu aies une main en moins, mais plutôt que tu aies des foils en moins !

D.S. — Oui, aujourd'hui c'est certainement ça mon plus gros handicap *(rires)*.

S.K. — Toute cette couverture médiatique, ça doit aider quand même. Tu n'as plus rien à prouver, il y a déjà quelque chose de gagné.

D.S. — Oui, complètement. C'est vrai que le Vendée Globe pourrait s'arrêter là. J'ai rempli toutes les cases. Mais je reste un compétiteur. D'abord il faut que je ramène le bateau aux Sables-d'Olonne. Ensuite, je me suis pris au jeu. Mon challenge, aujourd'hui, c'est de finir dans les six premiers, voire dans les cinq premiers si je peux. Je suis focus là-dessus et c'est ce qui va me motiver sur les quatorze derniers jours. Je ne dis pas que je vais réussir, mais je suis encore très compétiteur pour quelqu'un qui fait de la course au large.

S.K. — Tu es plus compétiteur qu'aventurier.

D.S. — C'est exactement ça. C'est la compétition qui me tient dans l'aventure. Je serais à la place de certains… Je vois Maxime (Sorel) par exemple, il est tout seul au milieu. Il n'est ni dans le groupe de tête ni dans le peloton de queue. Il a quasiment fait tout son Vendée Globe seul derrière nous. À sa place, je pense que je serais dans le dur. Parce qu'à un moment tu perds la notion de compétition. Moi, je ne rechigne pas à faire un effort en me levant la nuit pour régler une voile, mais quand tu es comme lui en chasse-patate, que ça fait deux mois que tu n'arrives pas à reprendre des milles aux mecs de devant, ton changement de voile, tu ne le fais pas. Tu te dis que ça ne sert à rien, que tu ne vas pas gagner 10 milles maintenant… Je suis content de ne pas être dans sa position.

S.K. — Tu oscilles entre quatrième et sixième. La vérité c'est que tu veux absolument être le premier des dérives, non ?

D.S. — Oui. C'est sûr. Après ce fameux front froid qui les a vus revenir assez proches, j'ai réussi à remettre un peu de distance avec mes poursuivants. Derrière moi, il y a un foiler et deux non foilers. Yannick Bestaven est encore derrière au classement mais il va me passer dans les prochaines heures. Jean (Le Cam) est un petit peu plus rapide, mais il a aussi un peu plus de vent. Je vais essayer de passer le pot au noir de la meilleure des façons pour tenir le plus possible cette distance entre nous.

S.K. — Mais il est possible que le pot au noir te retienne toi mais laisse la place pour les suivants ? Ce serait un sale coup du sort.

D.S. — Oui, c'est exactement ce qui s'est passé en face de Rio. On est tombés dans la pétole. Mais quand Jean et Benjamin (Dutreux) sont arrivés, ça s'était déplacé et ils ne se sont jamais arrêtés. C'est comme ça qu'ils nous ont repris 200 milles. J'espère que ce schéma ne va pas se répéter, parce que je commencerais à avoir les boules. Devoir remettre du charbon pour recoller 100 milles, et les voir arriver comme des fleurs, c'est compliqué.

S.K. — Tu as eu ta chance à un moment. Mais tu vas aussi la chercher ta chance, tu ne ménages pas ta peine !

D.S. — Oui ! Et je ne suis pas le plus à plaindre. Regarde Yannick ! Il est arrivé dans cette zone sans vent au large de Rio, il a perdu plus de 500 milles ! Il était largement 1er, tout le monde se demandait comment il allait faire pour perdre le Vendée Globe, et il est sorti de là 6e ! Même moi j'étais passé devant lui. Heureusement qu'il n'avait pas de flingue à bord !

S.K. — Là, il est à 130 milles du premier.

D.S. — Oui, il n'est pas très loin de moi. Je l'ai eu par WhatsApp, c'est un bon pote. Je lui ai dit : « Ça va ? Tu t'es remis la tête à l'endroit ? » Et il m'a répondu : « Tu ne peux même pas imaginer l'enfer que j'ai vécu. » Je lui ai dit : « Si, j'imagine bien, mais aujourd'hui tu vas te bouger le cul et revenir sur ceux de devant, tu n'as pas d'autre choix. » Ce qui est fait est fait, il faut passer à autre chose. C'est une sacrée qualité de pouvoir se dire : « Voilà, je fais *reset* sur ce qui s'est passé et je retourne en mode guerrier. » C'est un switch difficile à faire.

S.K. — Apparemment, toi tu sais le faire. Comment tu t'y prends ?

D.S. — C'est une excellente question et j'aimerais vraiment pouvoir y répondre simplement. Mais ça fait partie des processus qui sont très difficiles à décortiquer. Ça vient beaucoup de mon expérience en voile olympique, la petite régate. Si j'ai gagné des médailles, si j'ai été plusieurs fois champion du monde, c'est grâce à cette faculté de ne jamais rien lâcher. C'est ce qui a fait ma force à ce moment-là, ce qui a fait ma force dans le tour de France à la voile, et dans certaines compétitions comme la Route du Rhum où j'étais parfois mal embarqué. Je ne dis pas ça pour me vanter, mais je sais que c'est une de mes qualités et que je peux compter dessus dans les moments compliqués. Parfois, quand j'ai la tête dans le seau, les gens qui me connaissent bien me le rappellent. Ils me disent : « Crois en toi, crois en tes qualités. » Et ça me rebooste, ça force un peu ma nature. J'ai un leitmotiv, une phrase qui peut paraître un peu prétentieuse, mais qui m'aide dans les moments compliqués : « Damien, si c'est difficile pour toi, c'est très dur pour les autres. »

S.K. — Hier soir, tu es un peu remonté à l'Est, et puis ça n'a pas duré, tu es revenu à l'Ouest.

D.S. — Oui. Quand j'ai bossé hier soir sur la traversée du pot au noir, il y avait un passage dans l'Est qui m'arrangeait bien, un passage à peu près normal à cette période de l'année. Sauf que sur les fichiers du matin ça avait beaucoup bougé et ce passage Est n'existait plus. C'était plutôt un passage Ouest qui m'embêtait un peu. Là je suis en train d'essayer de forcer la route N.-N.-O., qui n'est pas évidente pour moi, à plusieurs titres. D'abord je n'ai pas de voile de portant pour forcer un peu le cap vers la gauche, et ensuite c'est typiquement un temps à foilers. Quand je vois leur vitesse, c'est juste pas très sympa pour moi.

S.K. — Mais à vent identique, en bateau à dérives, tu tiens le record quand même.

D.S. — Oui. J'ai un peu les boules parce qu'il n'y a que des foilers dans mon groupe. Alors forcément ils me mettent la misère. Quand j'ouvre les pointages toutes les quatre heures je vois qu'ils m'ont encore mangé. Mais je ne peux pas rivaliser, faut être honnête. Pas dans cette phase de course. Alors je regarde un peu derrière et il n'y a pas d'hémorragie. Après, il faut passer le pot au noir le moins mal possible. Ensuite ça va être du près pendant quelques jours et je devrais réussir à limiter la casse par rapport aux foilers. Puis il y aura de nouveau un passage critique sur les côtés de l'anticyclone des Açores. C'est maintenant et les prochaines 24 heures, avec le passage du pot au noir, qui font que je ne suis pas hyper serein.

S.K. — C'est un peu le contraire de ce que tu as vécu pendant la semaine huit, avant le cap Horn. Ceux de tête étaient dans la misère et toi, tu as profité d'une dépression qui t'a fait recoller au peloton. Juste avant tu avais dit : « Il me faut un coup de chance. » Il est arrivé à ce moment-là.

D.S. — Exactement. Et c'est important. On a tous à un moment ce petit coup de chance, la bonne fenêtre météo. Ce qui fait la différence, c'est savoir la saisir ou pas. Il y a plein de paramètres. La forme physique, l'état du bateau, être suffisamment lucide pour percevoir qu'on a une opportunité... À ce moment-là, pour moi, tous les feux s'étaient mis au vert d'un coup. En une semaine j'ai réussi à prendre un écart qui m'a permis de passer ce cap Horn quatrième. Un des tournants de ma course s'est situé là.

S.K. — Et juste avant cette semaine huit tu avais eu plein de problèmes sur ton bateau, jusqu'à monter au mât réparer ton aérien, ce qui t'a permis aussi d'être performant après.

D.S. — C'est vrai, tu finis par y trouver une certaine logique. Comme je l'ai déjà dit, je ne suis pas croyant, je ne crois pas du tout en un destin ou quoi que ce soit. Mais si tu creuses tu finis par voir des éléments qui s'imbriquent les uns dans les autres et une certaine logique sort de tout ça. C'est assez rigolo.

S.K. — La seule chose qu'on ne savait pas, c'est comment tu allais te comporter dans cet enchaînement, physiquement et tactiquement. Et il y a eu adéquation entre ta forme physique et ton plein potentiel de compétiteur.

D.S. — Exactement.

S.K. — Là, il fait bon non ? Tu es en maillot de bain ?

D.S. — Il fait même trop chaud ! Il fait 32°, c'est assez étouffant. J'ai commencé à faire le point sur le bateau. Je n'en parle plus trop mais il y a toujours des petits soucis. Les normaux, les courants, tout ce qui peut s'user. Hier j'ai eu à nouveau un problème électrique avec des batteries. J'ai été un peu plus lent pendant quasiment deux heures, le temps d'éteindre complètement le bateau. J'ai fait barrer le bateau avec des systèmes d'élastiques, je n'avais plus de pilote automatique. Et ça barrait plus ou moins bien. Pendant deux heures j'ai essayé de comprendre le problème, je l'ai arrêté, remis en route… ça remarche. J'espère que tout tiendra jusqu'à la fin. C'est notre quotidien sur la fin de course, gérer les emmerdes plus ou moins grosses au fur et à mesure en se disant qu'il faut que ça tienne quinze jours. Pas besoin que ça dure plus que ça. Après ce sera le problème de mon équipe technique !

S.K. — Quelle est l'ambiance dans le groupe WhatsApp en ce moment ?

D.S. — Il y a un peu de tout. Ceux qui sont en arrière de la flotte en bavent un peu parce qu'ils n'arrêtent pas de passer de dépressions en dépressions. En plus des petits pépins qu'ils ont sur leur bateau, ils ne voient pas le bout du tunnel. Et il leur reste quand même un bon bout de chemin. Dans notre groupe devant, d'un coup, plus personne ne discute. On n'est plus que trois. Yannick Bestaven, Benjamin Dutreux et moi. On est les branleurs de la bande. On est les 3 bateaux en rouge sur la cartographie, ça nous fait déjà un point commun ! On continue à envoyer des blagues, l'ambiance est assez détendue. Mais chez les autres… Il y a trois jours, Jérémie Beyou a fait une interview très intéressante. Je le remercie de s'être livré comme ça. Comme il est derrière et qu'il remonte la flotte petit à petit, il prend le temps de discuter à la VHF avec les autres bateaux. Et il dit : « Quand on est au-devant de la flotte, on n'a pas cette générosité de discuter avec les gens de derrière, on est dans son truc, on est un peu con-con quoi. » Il a cette honnêteté et je trouve ça génial. C'est exactement ce qui est en train de se passer. Aujourd'hui, devant, ils ne disent rien. Surtout ne pas dire quelque chose qui pourrait révéler leur option, ne pas dire quelque chose qui pourrait révéler l'état du bateau ou leur état de forme. Moi je ne suis pas du tout dans cette ambiance-là. Je suis plutôt bonnard. Si j'ai envie de discuter, je discute.

S.K. — C'est comme une vedette de cinéma qui discute avec un figurant et qui découvre qu'il est sympa et passionné comme lui. Ben oui, parce que derrière les fonctions, il y a des êtres humains qui se rencontrent ou pas, il suffit de faire la démarche. Boris Herrmann est dans les trois premiers, il ne te parle plus non plus ?

D.S. — Ah si, si, j'ai oublié Boris. Il m'envoie toujours des messages. Mais c'est pas dans le groupe, il discute directement avec moi. Je lui envoie des messages d'encouragement, il me dit qu'il est au taquet, il prend soin du bateau… Ça n'a jamais cessé avec lui.

S.K. — J'ai du mal à comprendre en quoi ça gêne de faire part des problèmes mécaniques qu'on a sur le bateau…

D.S. — J'imagine qu'ils ne veulent pas montrer leurs faiblesses. Ils ne veulent pas que leurs problèmes soient une source de motivation supplémentaire pour quelqu'un derrière. Celui qui a commencé à initier ça, c'est Michel Desjoyeaux. Il a commencé à ne jamais parler de ses problèmes en tête de course. Il a transmis ça à François Gabart. Vincent Riou était pareil. Ces trois-là ont été nourris au même biberon, ils ont la culture du silence. Ça a marqué une petite génération.

S.K. — En plus, quand tu regardes du sport, c'est la dimension humaine qui est intéressante.

D.S. — Oui, il faut que les gens puissent s'identifier avec un champion. Il faut aussi voir ses faiblesses, son histoire, etc. Se mettre à nu, dire ses problèmes, c'est pas négatif, au contraire. Ça montre que tu n'es pas un extraterrestre. Que tu es simplement humain.

S.K. — J'espère que pendant ce temps-là Tifenn est en train de signer la suite avec Apicil ?

D.S. — Ça se joue mardi prochain ! On saura si mon sponsor investit sur ce fameux bateau. On croise les doigts.

S.K. — Si c'est pas eux, ce sera d'autres ?

D.S. — Oui. À la fin du Vendée Globe, si je dis que je cherche des sponsors pour la prochaine aventure, je pense que ça va en intéresser quelques-uns. Enfin, j'espère !

S.K. — D'après la météo, à 00 heure UTC cette nuit, le trio de tête, Burton, Dalin et Boris, va taper du petit vent. Ils vont perdre 4, 5 nœuds un bon moment et toi aussi. Mais plus tard cette bande de petit vent se rétrécit et ce sera bon pour toi.

D.S. — Exactement. C'est toujours ce qui est compliqué dans ces passages de pot au noir. C'est un passage à niveau complètement inégal. Dans la Transat Jacques Vabre l'année dernière, Jérémie Beyou arrive dans le pot au noir largement en tête et il en ressort troisième. Il avait perdu 400 milles d'avance. Il n'y a que dans la voile ou dans les sports mécaniques qu'on peut trouver ça. C'est atroce. Complètement injuste. Mais tu n'entendras jamais quelqu'un s'en plaindre, parce que le fondement de notre sport, c'est ça. Jouer avec les éléments. Il va falloir de la chance dans cette traversée du pot au noir. Peut-être que ceux de derrière en auront plus que nous, peut-être que moi j'aurai plus de chance qu'eux. Je ne serais pas mécontent d'avoir plus de chance que ceux de devant…

S.K. — Tu es à combien de milles de l'équateur ?

D.S. — 170. J'y serai demain matin.

S.K. — Pour l'anecdote, moi je termine mon Vendée Globe demain soir… Je suis dans les 30000ᵉ… sur un million. En rapport, ça fait trente sur mille… trois sur cent… C'est un podium !

D.S. — Chapeau, félicitations ! Tifenn m'a dit que le premier était arrivé.

S.K. — Oui, mais toi tu as vu des baleines !

D.S. — Oui, moi j'ai vu des baleines. En parlant de ça, Tifenn m'a dit qu'il y avait des fans, sur Virtual Regatta, dont le but est d'être autour de moi. En zoomant sur mon bateau, on voit des nuées de bateaux aux couleurs d'Apicil. Les gens lui envoient des captures d'écran pour montrer qu'ils sont bien à côté de moi et ils en tirent une fierté énorme. Alors là, j'hallucine complet.

S.K. — Ça s'appelle la célébrité ! Pour la petite histoire, moi aussi j'ai pris des voiles Apicil au démarrage. Mais je ne suis pas autour de toi, j'ai décidé de tailler la route tout seul devant.

D.S. — C'est bien. Et tu es loin devant !

S.K. — Bon, si tu es à l'équateur demain, tu devrais vraiment arriver à la fin du mois.

D.S. — Aujourd'hui j'ai réussi à avoir des fichiers météo qui vont jusqu'à l'arrivée. Mes prévisions c'est entre le 28 midi et le 29 au soir. J'ai encore une fenêtre d'une journée et demie. Mais j'ai bien compris qu'il fallait que j'arrive avant 18 heures *(rires).*

S.K. — « Compte tenu des conditions sanitaires, messieurs les skippers veuillez arriver dans les heures ouvrables ! »

D.S. — Bon, je vais devoir faire ma transition plein Nord…

S.K. — Ça tombe bien, moi j'ai couvre-feu ! Je te laisse… *(rires)*

Semaine 11

4 jours avant l'arrivée

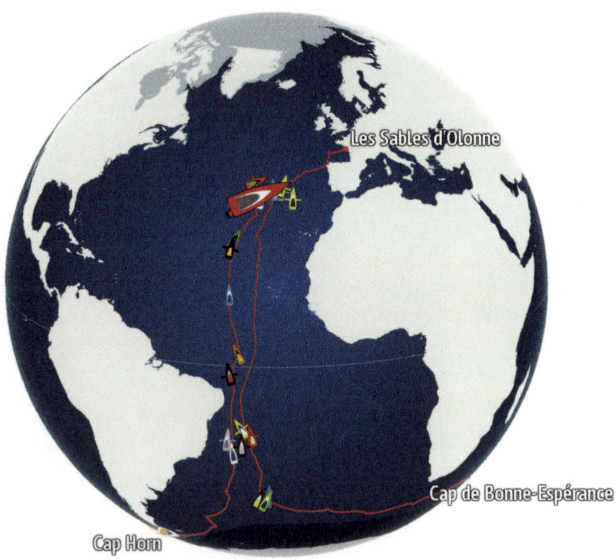

Dimanche 24 janvier 2021,
17 h 20

Vent : 21 nœuds
Vitesse : 20 nœuds
Cap : 69°
Température : 18°
Vagues : 3 mètres
Classement : 7ᵉ

Sam Karmann — Salut Damien ! Entendre ta voix depuis ton bateau me fait chaque fois tellement plaisir…

Damien Seguin — C'est sympa. Avant de commencer je voulais te dire que j'avais eu une pensée pour toi et plus largement pour le monde du cinéma et du théâtre suite au décès de Jean-Pierre Bacri[1]. J'ai grandi avec ses films. Je me doute que c'était quelqu'un que tu connaissais, un ami à toi certainement.

S.K. — Je te remercie pour tes pensées. Oui c'était un ami, un frère, c'est extrêmement… douloureux. J'arrive à peine à réaliser. En plus il avait vraiment caché les choses. Il a baladé ses vieux amis. Il ne voulait pas qu'on s'inquiète pour lui et qu'on assiste impuissants à ce qu'il vivait. Il nous

1. Jean-Pierre Bacri est décédé le 18 janvier 2021.

envoyait des textos rassurants depuis l'hôpital. Ça faisait quarante-cinq ans que j'avais commencé une discussion avec lui qui ne s'est jamais interrompue. Il était malade depuis le mois de mars, je l'ai vu en juin, je n'ai rien remarqué – vraiment quel acteur. Il ne nous a dit la vérité qu'il y a trois semaines, quand il n'y avait plus rien à faire et qu'il est rentré chez lui. On a pu se voir pour se dire adieu. Ça ne l'intéressait pas de vieillir, sans la santé à quoi bon vivre. Il m'a même dit que c'était une bonne période pour partir, avec ce putain de Covid. En tout cas, j'ai prévenu Tifenn pour lui dire que ton arrivée allait coïncider avec ses funérailles et que je ne serais malheureusement pas aux Sables-d'Olonne. Je suis désolé. On remettra notre débriefing à plus tard.

D.S. — C'est quelque chose qu'on fera dans le temps, ne t'inquiète pas.

S.K. — Oui. Alors, parlons de toi, à quelques jours de ton arrivée. D'abord, est-ce que *Sea Explorer*[1] est à toi ?

D.S. — Pas encore. Il y a eu une réunion importante mardi dernier avec Apicil. J'espère que le bateau ne va pas nous passer sous le nez.

S.K. — Il y a d'autres acheteurs sur le coup ? C'est comme pour acheter une maison ?

1. *Sea Explorer* : le bateau de Boris Herrmann.

D.S. — Oui, c'est le jeu de l'offre et de la demande. Soit tu amadoues le propriétaire avec ton projet et il est capable d'attendre un peu, soit il le vend au premier qui arrive avec un chèque sur la table. On verra bien.

S.K. — Bon, pour l'instant, tu es à l'Ouest des Açores. Comment tu te sens ?

D.S. — Je me sens bien physiquement. Mais le passage du pot au noir a été vraiment compliqué. Personne ne s'y attendait. La veille ou l'avant-veille tout le monde disait, y compris les météorologues, que ça allait être un pot au noir assez facile. Et ça s'est révélé être un petit enfer, difficile pour les nerfs. Ensuite la remontée de l'Atlantique, les débuts de l'Atlantique Nord, n'étaient vraiment pas favorables aux bateaux à dérives. Il a fallu que je fasse des choix pour minimiser la perte de terrain face aux foilers. J'ai décidé de rester plus dans l'Est, sur une route un peu plus directe. Mais qui dit route plus directe, dit route plus au près, face aux vagues, et j'ai vraiment souffert pendant trois, quatre jours. Ça tapait énormément, le bateau souffrait, moi aussi, je n'arrivais pas à bien dormir, je n'arrivais pas à bien manger... Ça s'est calmé un peu après, le temps qu'on arrive sur ce fameux anticyclone qu'on vient de dépasser. Là on est dans les quatre derniers jours et je suis entre la sixième et la septième place. Je me bats avec le foiler de Giancarlo Pedote pour la sixième place. Il est plus rapide que moi mais je vais essayer d'être plus malin. En même temps j'ai un œil dans le rétro vers Jean Le Cam. Ça m'étonnerait qu'il me revienne dessus parce qu'il est assez loin derrière, mais il a une bonification d'un petit peu plus de 16 heures[1]. Il faut que je cravache.

S.K. — Surtout qu'il arrive de l'Ouest plein balle.

D.S. — Oui, avec le vent de la dépression. Ça va se jouer à pas grand-chose. J'essaie de jeter toutes mes forces dans la bataille pour ne pas avoir de regrets. C'est ça qui serait dommage. D'avoir des regrets à l'arrivée. Après je fais avec ce que j'ai. Là c'est du portant et je n'ai plus mes voiles de portant. Je sais que je ne suis pas à 100 % de mes capacités. Mais c'est comme ça depuis longtemps.

S.K. — Pour les profanes, le pot au noir, c'est juste un endroit où on s'ennuie parce qu'il n'y a pas de vent. Mais en fait non, c'est beaucoup plus compliqué que ça.

D.S. — C'est un point de convergence entre les tropiques. Le tropique du Cancer et le tropique du Capricorne se rejoignent et créent une zone avec énormément de nuages et de conflits de vent. Ça génère des gros grains, sous lesquels il y a plus ou moins de vent. Et, c'est vrai, il y a des endroits sans vent du

1. Bonification de 16 h15 due au déroutage de Jean Le Cam lors du sauvetage de Kevin Escoffier.

tout. On a passé deux jours dans cette zone. Soit on n'avançait pas, soit on avait des vents contraires venant de n'importe où. D'habitude, fin janvier, quand on remonte l'Atlantique et qu'on passe cette fameuse zone de convergence assez Ouest, plutôt du côté Brésil, elle n'est pas très active. L'analyse météo qu'on avait faite avant le Vendée Globe nous avait rendus optimistes. On était censé arriver là-dedans la fleur au fusil. On s'est tous fait cueillir.

S.K. — Tu avais amorcé une route Est et tu as tiré un bord au Nord alors que Charlie Dalin a continué Est. Tu as piqué au Nord il y a quelques heures… Pourquoi ?

D.S. — J'ai remonté l'Atlantique Nord en étant décalé à l'Est. C'était stratégique pour aborder l'anticyclone quelques jours après. Ça m'a permis de plutôt bien m'en tirer par rapport à Jean et à Benjamin, qui étaient derrière moi mais relativement proches, à 80 milles. Je suis sorti du pot au noir avec 200 milles d'avance sur Jean. J'ai plutôt bien joué de ce côté-là. Mais je ne peux pas avoir la stratégie de Charlie qui est plus rapide avec son foiler. Je ne suis pas autant en avance que lui. J'ai fait du Nord pour aller chercher du vent. Mais je viens de réempanner. Je suis cap E.-N.-E., quasiment sur la route directe pour l'arrivée. Après, il faudra que je réempanne parce que le vent va rechanger. Je veux rester entre Jean et l'arrivée.

S.K. — Oui, Jean est exactement derrière toi, à 200 milles. Tu vas passer au Sud de San Miguel.

D.S. — Exactement. C'est de la stratégie pure, qu'on utilise en petite régate. Quand tu ne sais pas trop comment gérer, si tu veux préserver ta place, la règle de base c'est de te mettre entre l'arrivée et le poursuivant. Au moins tu protèges tes arrières. Je le fais avec Jean mais aussi avec Giancarlo. Il est plus rapide que moi avec ses foils, mais il fait un peu des conneries sur l'eau de temps en temps. La dernière en date, c'était hier soir. Il m'a laissé empanner avant lui. Il m'a laissé l'opportunité de mener la danse. J'en profite. Je vais me caler entre lui et l'arrivée. Après, advienne que pourra. Si je termine avant lui j'aurai fait le coup du siècle, parce que normalement il est beaucoup plus rapide que moi. Ce que je peux faire, c'est un exploit en terminant devant lui.

S.K. — Oui, mais s'il vire lui aussi, il va te doubler.

D.S. — Oui, mais dans les deux derniers jours on va arriver dans des vents plus forts. Et dans des vents plus forts, je ne suis pas sûr qu'il aille beaucoup plus vite que moi.

S.K. — Tu prévois toujours une arrivée pour mercredi de nuit ou jeudi matin ?

D.S. — Plutôt jeudi matin. Milieu de matinée.

S.K. — La semaine dernière, tu pronostiquais une arrivée 30 janvier, 1er ou 2 février.

D.S. — Je vais y être beaucoup plus tôt parce que l'anticyclone des Açores n'est pas du tout sur les Açores. Il est bloqué au niveau de Madère et du détroit de Gibraltar entre le Maroc et l'Espagne. D'habitude on est obligé de faire un grand détour pour arriver dans le golfe de Gascogne, mais là la porte s'est ouverte, on a coupé le fromage, on a gagné des journées entières de navigation.

S.K. — Cette semaine, Tifenn m'a prévenu que tu voulais quelques jours de paix, sans communications avec personne. Pourquoi ? La pression médiatique ?

D.S. — Il y a eu plusieurs choses. Pendant les trois, quatre jours terribles au près dont j'ai parlé, j'étais très fatigué. Et les médias me demandaient de faire un premier bilan de mon Vendée Globe. Au premier journaliste tu dis : « Je ne peux pas faire de bilan, je n'arrive déjà pas à faire le bilan de ma semaine ! » Ça m'a un peu gavé. Et quand je discutais avec des gens, y compris ma famille, je me rendais compte que j'étais beaucoup dans la complainte. Je n'aime pas me plaindre comme ça. Alors j'ai décidé d'arrêter de communiquer, et de me donner 48, 72 heures pour gérer mes problèmes. Ça m'a permis de me reconnecter à moi-même. Et puis ça m'a fait prendre conscience que sur les bateaux modernes, avec les moyens de communication qu'on a, on était peut-être un peu trop connectés. On a des réflexes de Terriens sur les bateaux. Ce n'est peut-être pas la meilleure chose qu'on ait inventée. WhatsApp c'est génial à terre, mais sur un bateau, à mon sens, ça n'a pas lieu d'être. Tu laisses tes communications ouvertes, WhatsApp est toujours allumé sur ton téléphone, et quand tu poses une question à quelqu'un à terre tu attends une réponse quasi immédiate. Et inversement. On attend de toi la même rapidité. Ça crée un rapport qui n'est pas très sain, qui tue un peu la magie de la navigation en solitaire, de l'éloignement, etc. J'ai pris conscience de ça, et ça m'a mis un petit coup. Je pense que je n'aborderai pas les prochaines courses de la même façon. C'est trop facile pour les médias. Ce qu'on vit à bord, ça va devenir des *loft story* et je n'ai pas envie de ça. Je pense que personne n'en a envie.

S.K. — Passé la première semaine où tu avais pris l'habitude d'appeler souvent, tu avais dit que tu espacerais tes appels. En fait, tu as enclenché ce besoin.

D.S. — Complètement. Je me suis pris à mon propre jeu. Effectivement, j'en avais besoin au début. Mais c'est peut-être pour ça aussi que j'ai mis plus de temps à me mettre dans ma course. J'ai succombé au fait d'avoir la possibilité de. C'est toujours pareil.

S.K. — J'ai vu que tu avais retrouvé de la nourriture mouillée et immangeable…

D.S. — J'avais 90 jours de nourriture. Depuis bien longtemps je sais que je vais mettre moins de 90 jours. Il y a une semaine, en prenant mon sac n° 8, je vois que le n° 9 est plein d'eau. Je le sors, je le déballe, je le fais sécher, et je jette les quelques trucs qui ont pris l'eau. Le reste est emballé, donc ça va. Je filme l'anecdote et c'est parti dans tous les sens. Un journaliste a dit que j'allais devoir me rationner. J'ai reçu des messages de gens catastrophés. Mais à aucun moment j'ai dit que j'allais manquer ! Au contraire. Il ne me reste que quatre jours de navigation, donc je peux manger autant que je veux. Je choisis même mes plats. Je vis dans le luxe et l'opulence.

S.K. — Surtout ne pas laisser un truc bon avant l'arrivée !

D.S. — Surtout pas ! Dans ma team, il y a un certain Guillaume, le boat captain, dès qu'il voit de la bouffe, il ne peut pas s'empêcher de manger. Je ne peux pas laisser un truc bon à manger en pensant le retrouver pour la prochaine fois ! *(Rires)*

S.K. — À part la difficulté de cette navigation au près, tu as eu d'autres problèmes sur le bateau ?

D.S. — Non, pas de gros soucis. C'était juste de la navigation physique. J'ai toujours des problèmes d'énergie de temps à autre avec des batteries qui font des leurs, je surveille ça comme le lait sur le feu. Ce matin je me suis fait une petite frayeur, les batteries ne voulaient pas se recharger, mais ça s'est arrangé. Rien de dramatique. Ce qui a été compliqué en sortie de pot au noir, c'est qu'on est rentré dans une zone qu'on appelle les sargasses. Ce sont des algues brunes très dures qui se prennent dans les appendices du bateau. J'en avais partout sur le pont, ça me ralentissait. Des poissons volants qui s'étaient retrouvés sur le bateau se sont coincés dans les algues, j'ai retrouvé des cadavres et des cadavres, ça commençait à puer. Bref, ça a été un petit moment de génocide pas très sympa.

S.K. — C'est un phénomène naturel ?

D.S. — Oui, mais qui a été amplifié par l'utilisation des pesticides, des engrais au Brésil.

S.K. — Et ce sont les mêmes poissons volants qu'à l'aller ?

D.S. — Oui, on les retrouve dans les eaux chaudes, donc au Sud et au Nord de l'équateur. Par contre c'est dans la partie Ouest qu'on trouve les sargasses.

S.K. — À quatre jours de l'arrivée, est-ce qu'il y a une impatience qui commence à monter ?

D.S. — Oui. Parce que tout le monde en parle, tout le monde se prépare à faire la fête aux Sables. Alors j'ai hâte d'arriver. En même temps, il y a deux jours, je me suis réveillé au petit jour après une petite sieste, et je n'avais pas envie d'arriver. C'était une sensation bizarre que je ne saurais pas trop expliquer. Je n'avais pas envie de redevenir Terrien. C'est passé. Mais comme je disais, je n'arrive pas du tout à avoir du recul sur ma course. Si tu me dis : « Damien tu as fait le tour de la planète », pour l'instant je n'en ai pas du tout l'impression. Je n'arrive pas à dézoomer ma course. Je suis dans l'instant présent. J'ai l'impression que ce n'est pas fini, qu'il reste des choses à faire. Le moment qui va entourer l'arrivée ne va pas être facile du tout pour ça.

S.K. — Le fait de savoir que plein de gens vont t'attendre, ça fait partie du petit coup de spleen après trois mois de solitude ?

D.S. — Oui, clairement. J'ai envie de revoir les copains, je sais que Tifenn a bien prévu les choses, qu'elle a loué une maison, ça va être la fête pendant trois jours, ça va être cool. Mais ce sont des moments hors normes qui suivent une course hors normes aussi. Je sais que je vais vivre un marathon médiatique pas facile à vivre non plus. Il va y avoir du bon et du moins bon. C'est une expérience à vivre de toute façon.

S.K. — Et sur un rythme biologique qui n'est plus du tout le tien. Quand tu auras fait huit heures d'affilée à répondre aux sollicitations, tu vas être épuisé. Tu es quand même réglé pour dormir une heure toutes les quatre heures !

D.S. — Ça c'est sûr. Je pense que la semaine post arrivée sera la plus dure du Vendée Globe au niveau physiologique. Je ne vais pas pouvoir m'empêcher de manger ce que j'aime, de me goinfrer un peu. Forcément je vais trinquer avec quelques coupes de champagne et comme je ne tiens pas du tout, mais pas du tout l'alcool, ça va être compliqué. Ça va être plein de choses. Je sais qu'à l'arrivée il va y avoir des gens que je n'ai pas vus depuis vingt ans, des amis, des gens de ma famille. Des moments assez émouvants. Ça va être une expérience certaine !

S.K. — Nous, on prend rendez-vous pour deux, trois semaines après l'arrivée. Quand tu auras repris ton rythme, que tu te seras reposé… On posera une conclusion sur nos échanges.

D.S. — Bien sûr. Et tout ça va dépendre du contexte sanitaire. J'entends parler d'un possible confinement pendant les vacances de février… Il y a eu une demande du ministère des Sports pour que les skippers soient vaccinés dès leur arrivée. On est considéré comme public à risque vu que ça fait trois mois qu'on n'a pas été confronté à un seul microbe, ça va se jeter sur nous comme la peste sur le bas clergé[1].

S.K. — Par rapport aux obligations d'envoyer des vacations audio, tu en es où ? Tu crois que tu as fait le boulot ?

D.S. — Oui. Je fais partie de ceux qui ont bien joué le jeu. Je verrais vraiment d'un très mauvais œil qu'ils me retiennent des pénalités. Même si je n'ai

1. Vœu pieux, aucun skipper finalement n'aura été vacciné à l'arrivée. Damien, quelques jours plus tard, sera détecté positif asymptomatique… La famille s'est mise en quarantaine.

peut-être pas envoyé exactement deux minutes toutes les semaines.

S.K. — Est-ce que vous allez débriefer la course entre skippers ? Il y a un moment prévu pour ça ?

D.S. — Oui. Je ne sais pas quand, mais on le fait au sein de la Classe Imoca. C'est une association de propriétaires incluse au sein de l'organisation de course. Ils nous écoutent. On va débriefer ensemble, et ensuite on va discuter avec l'organisateur. Le but est de faire le bilan, de trouver comment améliorer les choses pour la prochaine fois.

S.K. — Et dans ce briefing, il y a moyen de faire remonter que ça fait quand même beaucoup, toutes ces obligations de communication, par rapport à la réalité de la navigation ? C'est beaucoup de pression.

D.S. — Oui mais en même temps c'est un sport financé par des sponsors privés qui attendent de nous qu'on communique.

S.K. — Et j'imagine aussi que beaucoup de skippers encore inconnus comptent sur cette communication pour se faire connaître, séduire des sponsors, avoir des bateaux plus performants…

D.S. — Oui, donc on est piégé. Il y a des garde-fous pour pas que ça dégénère, pour pas qu'on fasse du live en permanence sur les bateaux, mais on ne peut pas revenir au temps de Moitessier non plus.

S.K. — Il y a peut-être un juste milieu à trouver ! Ce serait intéressant que tu parles de ça avec Jean (Le Cam). Vu sa génération, c'est sans doute celui que ça gave le plus.

D.S. — Certainement. Ce sera un des sujets qu'on va discuter entre nous, c'est évident… Je te parle tranquillement mais je suis quand même à 20 nœuds de vitesse !

S.K. — C'est quoi tes paramètres ?

D.S. — 21 nœuds de vent et 20 nœuds de vitesse. Je suis au portant et je fais un cap au 69°. Je suis quasiment sur la route directe en VMG. J'ai l'empannage au milieu du prochain pointage, donc il ne va pas être super rapide, mais celui d'après, à 22 heures, j'ai hâte de voir à combien j'en suis par rapport à Giancarlo. Toute la phase autour de l'anticyclone, les 48 dernières heures, j'ai perdu beaucoup de terrain sur les leaders, et Giancarlo m'est revenu dessus. À partir de maintenant je devrais faire une bonne performance. Mais même si j'aime bien ces allures-là, Giancarlo a un foiler. Il va rester plus rapide. En même temps, dans le Sud, il n'a jamais été hyper véloce dans le gros temps. Est-ce qu'il voulait préserver sa monture et est-ce qu'il va lâcher les chevaux, on verra bien. Je ne vais pas lui donner facilement cette sixième place. Là je vais passer juste au-dessus de San Miguel. Vers minuit. Dans six heures je vais apercevoir l'île et vers minuit, 1 heure du mat' je l'aurai passée.

S.K. — J'ai l'impression que c'est assez fiable, ce qu'on voit sur la cartographie, non ?

D.S. — Oui, parce que les modèles météo sont beaucoup plus fiables dans les bords de dépression que dans les bords d'anticyclones. On ne devrait pas avoir de grosses surprises d'ici l'arrivée, à quelques nœuds et quelques degrés près de vent. Aujourd'hui les prévisions me font arriver moins de 24 heures après le premier. Jamais personne n'aurait pensé qu'un bateau à dérives terminerait moins de 24 heures après le premier foiler. Je vais mettre moins de 81 jours. Pour un bateau à dérives c'est une super performance. Très peu l'ont fait. Et pourtant c'est pas un Vendée Globe qui a été rapide dans le Sud. C'est plutôt pas mal.

S.K. — Avant les foilers, il n'y avait que des dérives. Quel est le record des dérives ?

D.S. — Soixante-dix-huit jours. François Gabart. En 2012. Avec un bateau de 2012. Moi j'ai un bateau de 2008. Je vais peut-être battre le record des bateaux de 2008.

S.K. — Ça fait la preuve de ton talent de marin. Il n'y a pas à discuter.

D.S. — J'aurai fait une belle course je pense. À terre, ils sont tous assez unanimes là-dessus. Il faut que je finisse bien, que je ne me prenne pas les pieds dans le tapis. Que je ne m'échoue pas sur San Miguel cette nuit !

S.K. — C'était un vrai bonheur de te parler comme ça toutes les semaines.

D.S. — Pour moi aussi, c'était très sympa. Ça m'a permis aussi de clore chaque semaine en tournant une page et de repartir à fond sur la semaine d'après. Il me reste moins de quatre jours avant d'arriver et ça va être quatre jours assez particuliers, j'ai hâte de te raconter tout ça prochainement.

S.K. — C'est pas rien, ces quatre jours. Il va y avoir du vent, même si c'est pas fait pour te déplaire.

D.S. — Oui, je préfère ça. Je sais que je peux me battre par rapport à l'adversité. Là, et d'une je vais arriver plus vite, et de deux je préserve mes chances de faire sixième.

S.K. — Et d'arriver devant Jean !

D.S. — Ouais, alors ce serait quand même une grosse déception s'il me doublait. À mon avis il ne peut pas. C'est les heures de compensation qui vont se compter à l'arrivée. Mais comme je disais, l'essentiel pour moi c'est de ne pas avoir de regrets. De me dire que j'ai fait mon maximum pour lui mettre 16 heures. Si je ne réussis pas, tant pis. J'aurai tout donné.

S.K. — C'est quand même incroyable d'en arriver là au bout de 3 mois. Tu finis ça comme une régate.

D.S. — Finalement j'ai l'impression que j'aurai régaté tout le Vendée Globe !

Jeudi 28 janvier 2021,
12 h 18

L'arrivée

Après une course de 50 952 km, Damien franchit la ligne en sixième position, après 80 jours, 21 heures et 58 secondes de course.

Soit 18 h 13 seulement après le vainqueur.

Jean Le Cam franchit la ligne 6 heures plus tard, mais suite au naufrage de Kevin Escoffier et à son heureux sauvetage, il bénéficie de 16 h 15 de temps compensé.

Damien est rétrogradé à la septième place du classement final.

Sam Karmann — Raconte-moi ces quatre derniers jours. Je t'ai quitté le dimanche 24 janvier et on sait que depuis le départ ton rêve absolu était de t'approcher des 80 jours…

Damien Seguin — Oui. Et, le 24, je sais que je peux le faire.

S.K. — Un tour du monde en 80 jours, comme Jules Verne, mais à la voile. Tu as deux objectifs dans ces derniers jours. La place de sixième devant Giancarlo Pedote et arriver 16 heures avant Jean Le Cam. Tu as le mors aux dents.

D.S. — Oui, c'est assez intense. À ce moment-là les routages donnent déjà la fenêtre météo dans laquelle je peux arriver et je connais mes adversaires. Je sais que ça va se jouer avec Giancarlo, qui a un bateau plus rapide et qui n'a pas cassé de voiles. Mais je vois bien depuis le départ, et depuis quelques jours, que j'arrive à prendre de meilleures trajectoires que lui. Jean, je n'ai aucun contrôle sur lui. J'ai 200 milles d'avance, je sais qu'il ne me reviendra pas dessus, et je ne suis pas loin d'avoir les 16 heures. La seule chose que j'aie à faire c'est d'aller à fond vers l'arrivée. Je suis en mode compète. C'est le mode où je me sens le plus à l'aise. J'enchaîne la stratégie tracée dans les Açores : monter Nord et revenir vers le golfe de Gascogne en faisant un crochet assez Nord. De toute façon c'est inévitable avec l'enchaînement des dépressions. Je n'ai qu'une chose à faire : faire avancer mon bateau. Je dors moins mais c'est pas gênant. Je suis à l'approche et puis j'aime ce mode compétition. Ça c'est l'aspect sportif. Sur l'aspect aventure, Vendée Globe et tout ça, c'est variable. Je change de phase dans ces trois derniers jours. Je me projette dans l'arrivée, les journées passent moins vite, j'ai l'impression que ça n'avance pas.

S.K. — Tu as repris les échanges avec la terre ?

D.S. — Oui, il y a beaucoup de sollicitations médiatiques. Et la vie sur le bateau est dure.

S.K. — Pourquoi c'est particulièrement dur à ce moment-là ?

D.S. — Je suis au près. Je fais une route un peu plus Est que les autres. Comme ils sont plus rapides avec leurs foils, j'essaye de faire la route la plus courte possible. Mais c'est aussi la plus inconfortable. Tu passes par plusieurs états. Un coup tu es content d'arriver, un coup tu n'as plus envie. Tu es tellement fatigué que tu ne réfléchis plus de façon clairvoyante et tu te dis que tu es bien sur ton bateau en fait… Il fait encore assez bon, alors que là-bas il fait froid, il y a le Covid… tu n'arrives pas à contrebalancer avec le fait que tu vas retrouver ta famille et tes amis. D'un coup tu comprends Moitessier. Bien sûr tu sais que c'est une course et que tu vas la terminer mais cette transition-là… elle n'est pas facile. Donc, ces trois jours, je me mets à fond. Je sais que ça va être serré avec Giancarlo, je vois la météo qui évolue, je me dis que Jean va couper le fromage derrière et que je ne vais pas arriver à avoir ces fameuses 16 heures d'avance sur lui à l'arrivée…

S.K. — Donc tu le sais avant.

D.S. — Oui. 48 heures avant je sais. Il n'aura pas à tirer des bords, la météo va l'emmener tout droit vers l'arrivée. Je n'ai qu'une question à me poser : est-ce que j'assure ou est-ce que j'attaque ? J'ai quand même un matériel qui souffre après 80 jours. Mais si j'assure, j'ai plus de chances de finir septième que sixième. Si j'attaque, je peux même viser la cinquième place. On ne sait jamais, Jean peut avoir un problème technique au dernier moment. Le choix est vite fait. Je ne veux avoir aucun regret, donc j'y vais à fond, quitte à péter du matériel. Le bateau, je lui mets dans la tronche. J'étais GV haute avec le J1 alors que les autres avaient 1 ou 2 ris… Je lui ai dit au bateau – parce que je lui parlais, hein : « Là, tu vas prendre cher, j'ai pas le choix, il te reste 48 heures. »

S.K. — Super fidèle ce bateau quand même…

D.S. — C'était la seule solution pour être compétitif par rapport aux autres.

S.K. — Je n'ai pas compris la stratégie d'arrivée de Giancarlo. J'ai une image de vos deux traces qui remontent au Nord, la sienne plus extérieure et plus Nord que la tienne, et pour le dernier bord, toi tu vas direct aux Sables, mais lui ne pointe pas l'arrivée. Il redescend beaucoup plus au Sud, ce qui l'oblige à un dernier bord supplémentaire pour remonter et finir. C'est à ce moment que tu lui passes devant.

D.S. — Ce sont les limites d'angles par rapport au vent qu'imposent les foilers. S'il veut aller vite il doit composer avec des angles différents quitte à faire plus de route et de virements. Mais je pense qu'il n'a pas optimisé sa route. En fait, je le bats sur la stratégie. J'ai un bateau moins rapide mais je fais une meilleure route. Et pourtant je n'ai pas les bonnes voiles pour ça. La dernière nuit avant l'arrivée, au classement de 8 heures du matin, il me passe devant. Là je me dis que ça va être compliqué. Je ne peux pas être plus rapide. Quand je rentre dans la zone des 50 milles avant la ligne, vous, à terre, vous avez des pointages toutes les cinq minutes. Nous on est toujours avec les pointages toutes les quatre heures.

S.K. — Tu ne recevais pas les infos par WhatsApp au fur et à mesure ?

D.S. — Non, tu n'as pas droit aux infos de routage. Mais je savais qu'il était devant moi. À l'approche du plateau des Birvideaux, là où il y a beaucoup de pêcheurs, je cale stratégiquement mon empannage et qui je vois apparaître à l'AIS ? Giancarlo. Je le vois, il me voit, il m'appelle à la VHF : « Damien tu m'as bien vu ? Ce serait con de se rentrer dedans maintenant… » T'inquiète, je t'ai vu… J'arrive à passer devant lui. De peu, mais j'y arrive. Je passe trois milles devant. On slalome entre les pêcheurs, il est déjà sur le bord qui l'emmène aux Sables, pas moi. Je sais qu'il reste trois heures et je me dis que c'est presque mission impossible. Mais je me donne à fond.

S.K. — Mais tu es déjà à fond !

D.S. — Oui je suis déjà à fond mais il faut que ce soit encore plus…

S.K. — Mais si tu es réglé au mieux, qu'est-ce que tu peux faire de plus ?

D.S. — Ben justement, continuer à régler. Je mets un maximum de puissance sur le pilote et moi je suis à la colonne de winch et je borde[1], je choque, je borde, je choque, sans arrêt, j'essaie de profiter de chaque vague…

1. Border : tendre les écoutes qui règlent les voiles.

S.K. — Tu régates sur ton Imoca comme sur un 470[1] ?

D.S. — Exactement. Je le perds de vue au moment où j'empanne. Je ne le capte plus à l'AIS. Mais je sais qu'il faut que je sois à fond jusqu'à l'arrivée. Donc je remonte, je fais mon dernier empannage à fond, à tel point que je ne peux même pas me changer. J'avais prévu des fringues de rechange pour l'arrivée, mais je ne prends même pas le temps. Je suis trempé, j'ai même pas mis mon ciré…

S.K. — Quels sont tes paramètres à ce moment-là ?

D.S. — Il y a 20 nœuds de vent, quatre, cinq mètres de vagues, il pleut… Bref, je suis à quinze minutes de passer la ligne. Le semi-rigide avec Yoann, Jean-Charles, Guillaume, Roland et Cédric (les préparateurs) arrive et je ne sais toujours pas où est Giancarlo. Eux ils savent, ils sont super contents de me voir, ils hurlent, je crie : « Il est où l'Italien ? » L'équipe me montre Roland, qui est italien. Ils crient : « Il est là ! » Et moi : « Mais non pas celui-là ! L'autre ! Giancarlo ! » Et là : « Oh t'inquiète pas il est loin derrière. » Et moi : « Vous êtes sûrs, il va pas me rattraper ? » En fait je lui mets 45 minutes. Alors que trois heures avant je passe dix minutes devant. J'ai réussi à accentuer mon avance, parce que j'étais à fond et lui moins.

1. 470 : petit dériveur olympique, en double, de 4,70 m de long.

S.K. — Peut-être que Giancarlo, après trois mois de course, n'a pas cette culture olympique de régatier qui veut qu'on s'arrache pour une place tant que la course n'est pas finie…

D.S. — Sans doute.

S.K. — Et Jean ?

D.S. — Jean, je vois qu'il avance avec la dépression derrière nous…

S.K. — Et qu'il n'a pas besoin de faire des empannages successifs.

D.S. — Voilà. La seule chose que je me dis c'est que c'est jamais fini. Jusqu'à la fin, ça reste un sport mécanique. Il peut arriver n'importe quoi à chaque instant. Tu n'es pas là à espérer que l'autre ait une avarie mais ça fait aussi partie du jeu. On l'a vu avec Boris[1]…

S.K. — Ça a dû t'énerver qu'il abîme ton futur bateau…

D.S. — *(rires)…*

S.K. — Et tu coupes la ligne !

D.S. — Oui. Ça se termine avec les images d'un Imoca qui sort de la brume. J'ai eu le bon goût d'arriver en pleine journée. Sauf que quand j'arrive on reste

1. Boris Herrmann a percuté un chalutier alors qu'il était à 160 km de l'arrivée.

une petite heure à l'extérieur du chenal. Le temps d'affaler les voiles et de discuter avec l'équipe technique à bord…

S.K. — Qui monte à bord ?

D.S. — Quatre personnes. Guillaume, Jean-Charles, Yoann et un cameraman. C'étaient les dernières personnes à bord avant mon départ, c'est les premières à remonter. Ils sont à bloc. Ils me font la fête, ils sont hyper contents, hyper satisfaits, c'est sympa. Mais les conditions n'étaient pas faciles. Il y avait des vagues. Guillaume se précipite pour monter à bord pour manifester sa joie, mais il y a des creux de trois, quatre mètres, il manque de se vautrer, il y a pas mal de bateaux, l'hélicoptère au-dessus, les cornes de brume, les semi-rigides des sponsors… Je vois que tout le monde est trempé à bord mais heureux. C'était assez intense.

S.K. — Et là, tu lâches l'affaire, c'est plus toi qui t'occupes du bateau, allez-y les gars.

D.S. — Ah oui…

S.K. — Et c'est là aussi que Tifenn te balance le sac avec les affaires du capitaine Crochet ?

D.S. — Exactement.

S.K. — C'était l'idée de qui ?

D.S. — La mienne.

S.K. — Tu avais dit à Tifenn de te balancer le costume à l'arrivée ?

D.S. — Oui, j'avais prévu mon coup avant le départ.

S.K. — Bon, vous êtes dans le chenal…

D.S. — Là ça se calme. Il n'y a plus de vent, plus de vagues, je suis déguisé en capitaine Crochet, je sors sur le pont, il y a du monde sur les côtés…

S.K. — Par rapport au départ est-ce qu'ils sont un peu plus nombreux ?

D.S. — Oui, il n'y a pas de confinement strict comme pour le départ. Ça fait du bruit. Guillaume m'allume des fusées, des feux à mains, c'est sympa. Les bateaux de presse font des photos. Et d'un coup je vois Tifenn et les enfants. Sur le bateau. Je ne les ai même pas vus monter à bord. Ils sont là et c'est la fameuse photo où on est tous ensemble. C'est les retrouvailles… Marjane au milieu qui a les pieds en l'air parce qu'on se tient tous ensemble. On ne parle pas, on est au contact. Contact. Contact.

S.K. — Donc tu es sur ton bateau, Tifenn, Etann et Marjane dans les bras, c'est la joie. Passons sur la soirée qui suit, où j'imagine que tu es totalement mort de fatigue, épuisé…

D.S. — Non pas du tout, je suis dans l'euphorie. Je suis le capitaine Crochet ! On met le bateau à quai, on retrouve les partenaires qui ne pouvaient pas être sur les semi-rigides. Je réponds aux premières questions, et puis il faut aller à la conférence de presse.

S.K. — Pas le temps d'aller pisser…

D.S. — À peine. Des copains n'ont pas pu rentrer parce qu'ils n'avaient pas les accréditations, alors c'est moi qui suis sorti. Je suis allé les voir, c'était très sympa, j'ai fait tous les médias qui étaient au bord, et ensuite je suis allé à la conférence de presse. Ah oui, juste avant tu es dans une toute petite salle et c'est la première fois que tu peux t'asseoir. Quelques jours avant l'arrivée ils te demandent ce que tu aimerais manger. J'avais demandé une pizza et l'histoire veut qu'elle était froide…

S.K. — Oui, ils ont eu du mal parce que la cuisine était loin…

D.S. — C'est pas très grave, c'était bien. Je me suis posé cinq minutes et je suis passé en conférence de presse. Les questions étaient plutôt pas mal.

S.K. — Et après, la fête ! Vous êtes restés combien de temps aux Sables-d'Olonne ?

D.S. — Quatre jours. Jusqu'au dimanche.

S.K. — Là, c'est le temps pour tes sponsors de te féliciter et te dire que vous allez parler de la suite tranquillement…

D.S. — Oui, on revient très vite à la charge. Jean Le Cam m'avait dit : « Tu verras, à l'arrivée, tu sauras tout de suite si tu veux en refaire un autre ou pas. »

S.K. — Et on a compris que lui n'en referait pas. C'était très émouvant et incroyablement fort son témoignage pendant sa conférence de presse. Il a été au bout de lui-même pendant ces longues semaines où il se demandait à chaque instant si son bateau n'allait pas s'ouvrir en deux…

D.S. — Oui, il a vécu un stress énorme.

S.K. — Toi tu le savais même avant d'arriver que tu voudrais refaire ce Vendée Globe.

D.S. — Oui. Sans garantie. Mais en avoir envie, déjà, c'est la base.

S.K. — Bon. Maintenant que le temps a passé, que le calme est revenu, il faut bien qu'on parle de ta déclaration sur le jury et les compensations de temps quarante-huit heures avant ton arrivée… Quand je t'ai entendu mardi matin sur France Inter j'ai repensé à Zidane en finale de Coupe du monde 2006 quand il met un coup de boule à Materazzi. D'où t'est sortie cette « zidanerie » ? Tu connaissais la règle du jeu, tu connaissais les temps de compensations de chacun, pourquoi tu prends les boules à ce moment-là et pas quand les choses avaient été annoncées ?

D.S. — Je ne suis pas le seul à avoir les boules. Pour moi, le jury est là pour rétablir un équilibre dans la course. Tu fais une infraction sur les règles, tu es pénalisé, OK. Là il y a des gens qui ont été déroutés pour sauver Kevin, et qui sont repartis en course. Il va donc falloir leur donner des compensations de temps et les reclasser. OK. Sauf qu'il faut tenir compte de la situation météo. Ça ne s'est jamais échappé par devant et c'est toujours revenu par derrière. Ils ont effectivement perdu seize heures sur le coup, mais s'ils ne s'étaient pas arrêtés ils n'auraient pas été seize heures devant.

S.K. — C'est discutable ou indiscutable cette affirmation météo ?

D.S. — C'est toujours discutable ! Mais si tu prends les horaires et la situation météo, ils auraient été au même endroit et on serait revenus sur eux. Peut-être même qu'on serait passés devant… C'est ça qui a mis le trouble au milieu de l'arrivée.

S.K. — Comment aurait-il fallu procéder au niveau du règlement d'après toi ?

D.S. — Je ne sais pas. C'est hyper complexe. Mais à mon sens le jury a délibéré de manière précipitée. En fait ils ont fait ce qui était le plus facile pour eux. Le rôle du jury, c'est de rendre les choses équitables. Pour moi on n'était plus dans l'équité. À la fin, ils ont eu un bonus cadeau. Et à deux jours de l'arrivée, on est tous à cran. On ne savait pas qui allait gagner parce qu'il y avait ce flou-là. Je me mettais à la place du deuxième, Charlie Dalin. Ça devait être horrible. Tu ne te bats plus contre un adversaire, tu te bats contre la montre. Pour moi, il n'y avait qu'une place en jeu. Pour d'autres il y en avait trois. Un concurrent pouvait gagner le Vendée Globe sur l'eau et finir hors du podium.

S.K. — Tu en as parlé avec Charlie ?

D.S. — Non, pas encore, mais je pense qu'on en reparlera. Alors peut-être que les autres ne sont pas aussi sanguins que moi et qu'ils arrivent à ne pas dire les choses comme ils le pensent. En fait la journaliste m'a chauffé sur une question et je lui ai répondu…

S.K. — Parce que ça part d'une question ?

D.S. — Oui. J'étais dans le dur, je n'en pouvais plus. Après coup j'ai réalisé que j'y étais peut-être allé un peu fort, mais j'ai pensé que les gens de mon équipe de com' allaient filtrer. Je savais que c'était pas du direct. Sauf que là ils ont tout découvert une fois que c'était diffusé…

S.K. — Résultat ?

D.S. — Résultat, il y a des gens qui étaient complètement d'accord avec moi et qui m'ont envoyé des messages de soutien. Y compris d'anciens jurys. D'autres pensent que j'ai eu tort et ne me le disent pas. Ils le mettent sur les réseaux sociaux. Je sais que j'ai dit tout haut ce que beaucoup pensent tout bas. Mais est-ce que c'est mon rôle ? Je me suis excusé. Voilà.

S.K. — Ça c'est fait !

Jeudi 18 février 2021

Trois semaines après l'arrivée.

L'avenir

Cette conversation a eu lieu chez Damien et Tifenn en compagnie de Catherine Wimphen qui a collaboré à l'écriture de ce livre.

Sam Karmann — À quoi penses-tu en premier quand tu te dis que tu veux repartir ?

Damien Seguin — À un bateau plus performant. Me préparer pour la prochaine Route du Rhum et les autres courses, jusqu'au Vendée Globe 2024. Revivre cette compétition planétaire. Ce qui m'a plu c'est plus la compétition que l'aventure. Je suis plus compétiteur qu'aventurier.

S.K. — Tu l'as découvert ?

D.S. — Non, je le savais. L'inconnue, c'était la maîtrise de la durée de la compétition, ma gestion de l'effort sur la longueur. Et je me suis rendu compte que je suis peut-être plus fort à l'échelle d'un Vendée Globe qu'à l'échelle d'une Route du Rhum. Je pense que je suis bon dans les deux extrêmes. Dans la toute petite régate olympique qui dure quarante-cinq minutes, une heure, et dans le très long. Maintenant, je vois la Route du Rhum comme un sprint. Tu fais moins rentrer des qualités de coureur de fond.

S.K. — C'est ça que tu as découvert. Des qualités de coureur de fond.

D.S. — Oui. Je savais que j'étais dur au mal, mais dur au mal sur une telle longueur, c'est une révélation. Pouvoir tenir aussi longtemps sur un mode compétition, être à fond sur le bateau, ça a été une belle découverte.

S.K. — La configuration de la course a joué aussi. Vous étiez souvent en groupe.

D.S. — Fatalement. Je n'aurais pas vécu la même course tout seul. Mais je me suis aussi donné les moyens d'être tout le temps dans un groupe. J'ai su faire en sorte de ne pas décrocher, de recoller chaque fois que j'étais un peu distancé. Je me suis vraiment régalé dans ce mode-là.

S.K. — Si tu souhaites des foils pour ton prochain bateau, ça va te demander un engagement physique supérieur…

D.S. — Je ne pense pas que ce soit plus physique à manœuvrer. Sûrement plus exigeant. Comme le bateau va plus vite, les chocs sont plus violents.

S.K. — Quel que soit le bateau, tu auras toujours le souci de viser au plus simple, même avec un foiler ?

D.S. — Un bateau que tu dois manœuvrer en solitaire de manière efficace pendant 15 ou 80 jours, c'est un bateau qui doit être simple. Si tu vois que tu arrives à faire la même manœuvre avec un cordage au lieu de deux, pourquoi en utiliser deux ? C'est ce que je dis toujours : pourquoi faire à deux mains ce qu'on peut faire avec une seule ? Et puis la clé de la réussite c'est de naviguer le plus possible pour connaître son bateau. Pour être capable d'anticiper. Beaucoup de choses découlent de cette connaissance-là. Savoir quand tu vas placer ton sommeil par exemple. Certains concurrents ne passent pas suffisamment de temps à naviguer. Ils sont sur le chantier, ils veulent bidouiller telle ou telle chose. Tu trouves toujours un truc à améliorer. Il faut savoir s'arrêter. Mieux vaut un bateau un peu moins rapide mais que tu peux exploiter à 100 % de son potentiel.

S.K. — Entre la dernière Route du Rhum et ce Vendée Globe, c'est-à-dire dans les deux dernières années, avec tout le travail que tu as fait avec Jean Le Cam pour optimiser et fiabiliser le bateau, tu as gagné en manœuvrabilité ?

D.S. — Oui.

S.K. — Tu parles d'une manœuvrabilité pour toi, ou pour tout le monde ?

D.S. — Si c'est plus simple pour moi, c'est aussi plus simple pour quelqu'un qui a ses deux mains. Je l'ai toujours constaté. J'ai toujours aimé bidouiller sur les bateaux, trouver des systèmes plus simples, plus rapides, plus pratiques. Jean a la même philosophie. Je peux faire un parallèle entre mon handicap et le sien. Le sien, c'est d'avoir 61 ans.

S.K. — Ah mais j'achète d'être handicapé comme lui à 61 ans ! Ça se traduit comment sur le bateau ?

D.S. — Il ne peut plus manœuvrer aussi vite qu'à ses 20 ans. Il se fatigue plus vite au moulin[1]. Il faut donc que les efforts soient des efforts adaptés à ses capacités physiques. On s'est retrouvés à avoir les mêmes types de problématiques. Et nos deux bateaux se ressemblent vraiment aujourd'hui. Ce sont des bateaux simples, légers… Lui, il savait quoi faire parce qu'il connaît bien les Imoca. Moi j'avais mon idée. On a mis tout ça en commun et on a transformé mon bateau d'abord. Puis il a fait les mêmes modifications sur le sien. Ce sont des engins surpuissants. Et, humainement, on a des limites sur le bateau. Physiques, mentales, de résistance… Il y a forcément un moment où tu vas atteindre une de ces limites. Quand est-ce que le bateau est le plus puissant donc le plus difficile ? Quand le vent monte. Là, il faut gérer 300 ou 400 m² de toile. Et plus un bateau est léger, moins tu as besoin de toile. Donc plus le vent monte vite, plus tu réduis vite et plus tu minimises les efforts. On est partis sur

1. Moulin : colonne de winch.

cette philosophie. Le but c'est de ne jamais se battre contre son bateau.

S.K. — Là, pour te projeter dans la suite, tu dois, dans l'ordre, vendre ton bateau, en trouver un nouveau et surtout concrétiser un nouveau contrat avec ton sponsor actuel ou un autre... Comment tu comptes avancer dans ce calendrier ?

D.S. — J'ai toujours fonctionné pareil, même sur les objectifs olympiques. J'ai toujours mis l'objectif devant. Ça m'oblige à réussir les étapes intermédiaires. J'ai dit que je voulais refaire un Vendée Globe, donc maintenant comment y arriver ? Je sais à peu près la manière dont je veux le faire. Je voudrais être plus performant. Ça veut dire un bateau plus performant, une équipe un peu plus étoffée, avec plus de monde, donc plus de moyens...

S.K. — Avec un bateau que tu achèterais ou...

D.S. — Peu importe, je sais qu'il me faut un meilleur bateau.

S.K. — Le *Sea Explorer* de Boris, donc ?

D.S. — Oui, j'espère[1].

S.K. — Tu en es où aujourd'hui sur les perspectives avec ton sponsor ? J'ai lu dans *Stratégies*[2]

1. Début mars, Damien apprendra que le bateau *Sea Explorer* a été vendu quelques jours avant qu'il ne dépose son offre.
2. Article du 26/02/2021.

qu'Apicil était enchanté de son investissement en communication.

D.S. — Oui, ils ont eu les chiffres de retombée en équivalent publicitaire.

S.K. — Comment ça se calcule ?

D.S. — Ils prennent l'exposition médiatique – le nombre de fois où est cité Apicil, à l'oral, à l'écrit, ou filmé, etc. – et ils voient combien ils auraient dû payer pour avoir ça. C'est énorme. De l'ordre de 30 € pour 1 € investi. Et associer leur marque à mon profil leur permet de faire connaître au grand public les valeurs d'inclusion qu'ils défendent.

S.K. — Donc concrètement à partir de maintenant ton projet c'est... ?

D.S. — Je voudrais repartir pour un Vendée Globe avec un maximum de chances de faire un podium. Et pour ça, faire aussi des podiums sur l'ensemble des courses jusque-là. Donc être performant dès cette année sur la Transat Jacques Vabre.

S.K. — Ce sont toutes des solitaires ?

D.S. — Non, la Jacques Vabre, c'est en double. La saison va commencer rapidement par la remise à l'eau du bateau mi-mai, des entraînements avec l'équipe et des stages avec d'autres bateaux. Puis ce sera une course en Manche en août et, pour finir, la Transat Jacques Vabre, sur un parcours inédit jusqu'en

Martinique. Ça implique un bateau qui soit tout de suite performant.

S.K. — Mais naviguer avec des foils, ça s'apprend, il faut une formation ?

D.S. — C'est une navigation beaucoup plus basée sur la vitesse, et les choix stratégiques diffèrent. C'est ce qui est intéressant. Jusqu'ici on a prouvé qu'un skipper avec un handicap est capable de participer à une course aussi exigeante et difficile qu'un tour du monde, et d'être dans les dix premiers. Maintenant, sur les quatre prochaines années, on va prouver que ce même mec, avec un handicap, est capable de faire des podiums. Je ne serai plus « Damien le premier skipper handisport à faire la Route du Rhum ou le Vendée Globe », puisque je l'aurai déjà fait. Mais peut-être le premier skipper handisport à faire un podium.

S.K. — Quel est le calendrier des compétitions ?

D.S. — Jacques Vabre, c'est le 7 novembre 2021. L'année d'après, octobre ou novembre 2022, c'est la Route du Rhum. En 2023 la Jacques Vabre à nouveau. Et 2024, le Vendée Globe. Entre-temps il y aura d'autres régates promotionnelles.

S.K. — Revenons quand même à ce qu'on appelle ton handicap… Faire le Vendée Globe pendant 80 jours c'est passer beaucoup de temps devant l'ordinateur pour la navigation, la météo, le routage… tout ça peut se faire à une main, mais manœuvrer… On a vu qu'un virement de bord, par exemple, c'était un enchaînement de trente minutes extrêmement physique. Mais il y a aussi, tous les jours, des problèmes en tous genres qui nécessitent de travailler de ses mains, de bricoler. Être manuel et adroit de ses mains est absolument indispensable pour naviguer ! D'où vient qu'en ayant une main en moins dès ta naissance, tu adores bricoler ? Comment as-tu pu développer des aptitudes dans un domaine où il était évident dès le départ que ça allait être compliqué ?

D.S. — Je peux difficilement répondre à cette question. Regarde mon frère. On est de la même famille, on a reçu la même éducation, il a deux mains, mais c'est deux mains gauches ! Il n'a pas cette fibre-là. Moi ça m'attire. J'aime bien faire les finitions dans la maison, j'aime qu'un clou soit planté droit… Alors je trouve des solutions. Je me débrouille comme je peux.

S.K. — Tu as même dit que si tu arrêtais la voile, tu ferais de l'escalade…

D.S. — Oui ou autre chose. Mais l'escalade j'aime bien. J'ai développé une préhension particulière. Je vais m'accrocher, mettre tout mon poids dessus. C'est de l'entraînement. Sur le mur d'escalade, c'est pareil. Mon père, qui est un bon grimpeur, si je lui coupe la main gauche demain il sera beaucoup plus handicapé que moi alors qu'il a un meilleur niveau d'escalade. C'est de l'apprentissage.

S.K. — Sans ton handicap, aurais-tu autant la niaque pour relever ce genre de défi ? Aurais-tu la même rage de compétition ?

D.S. — Je pense que mon handicap importe peu dans la réponse. Mon père est très compétiteur, il me l'a sans doute transmis. J'ai cette fibre. Après je l'ai sans doute cultivée. À un moment, quand j'étais gamin, j'ai sans doute voulu me prouver que je pouvais être aussi performant que les autres. Alors forcément tu rentres dans un rapport de force et dans la compétition. Je me suis évalué, je me suis jaugé par rapport à d'autres. Alors est-ce que c'est la génétique, l'éducation, ou mon handicap, probablement les trois.

S.K. — Quand tu as fait cette démonstration de laçage de chaussures à Regards Croisés tu as dit que tes parents ne t'avaient jamais acheté de chaussures à scratch. Donc, dès le départ, ils avaient choisi de ne pas tenir compte de ton handicap. C'était évidemment un choix pédagogique.

D.S. — Ils ont dû se dire qu'ils ne pouvaient pas m'apprendre à faire les choses d'une seule main et que c'est moi qui trouverais la solution. Mais pour trouver la solution, il faut être en face du problème. Si je ne suis jamais en face du lacet de chaussure, jamais j'apprends à le faire. Si je ne suis pas mis devant un mur d'escalade, jamais j'apprends à escalader. Ils m'ont fait confiance. Je pense qu'ils ont eu raison. La surprotection, ça ne marche pas. Et puis, ils ont toujours retroussé ma manche. Ils n'ont jamais cherché à dissimuler mon handicap. Et pour attraper un verre, c'est plus facile d'avoir la manche relevée. Donc tu fais un ourlet.

S.K. — Et à l'adolescence, il y a eu un moment charnière ?

D.S. — À l'adolescence, tu as un rapport compliqué à l'évolution de ton propre corps et un rapport avec les autres qui n'est pas simple non plus. Ajouté au fait que j'étais en Guadeloupe, le seul Blanc dans ma classe… Tout ça a fait qu'à un moment j'ai voulu cacher mon handicap. Parce que je n'étais pas capable de répondre au regard des autres, à leur méchanceté. J'ai mis une prothèse. Mais je ne la mettais qu'en classe, pas dans la cour. Tout le monde savait que je n'avais qu'une seule main. Mais le fait d'avoir ma prothèse, c'était une protection. En tant que parents, il faut savoir entendre ça et l'accepter. Les miens auraient très bien pu refuser justement au nom de leurs principes d'éducation, mais ils m'ont entendu. Le jour où je suis rentré au lycée, c'était terminé. Je me suis dit que je ne porterai plus de prothèse, et je n'en ai jamais remis.

S.K. — Il me semble quand même que ceux qui ont un handicap doivent le transcender, en se dépassant.

D.S. — Oui, je te rejoins là-dessus. J'ai eu la chance de vivre quatre Jeux paralympiques au sein de l'équipe de France et d'être le capitaine et le porte-drapeau en 2012. J'ai appris à connaître d'autres athlètes. J'ai découvert des parcours de vie absolument hallucinants de résilience, ce mot à la mode. J'ai vu ça chez des gens que la vie a fracassés. Souvent des accidentés de la vie, des accidents de moto… Ces gens-là ont réussi à passer au-dessus de leur handicap pour faire du sport et en plus du sport de haut niveau. Il y a des leçons de vie à prendre ! Ça m'a changé profondément et ça m'a construit. Parce que ça m'a renvoyé à la façon dont j'ai pu m'en sortir dans ma vie, même si j'ai du mal à la considérer aussi dure que les exemples que j'avais en face de moi. Ça m'a permis de faire un chemin personnel, une espèce d'introspection.

S.K. — Et d'ailleurs tu ne sépares pas ta carrière de sportif de haut niveau de ton engagement en matière de handicap. À ton arrivée tu as parlé aussi à la presse de ces rencontres que tu as faites en mer avec les classes, les enfants. Faire sortir le handicap de son ghetto passe beaucoup par l'éducation… C'est la mission que tu t'es donnée en créant cette association *Des Pieds et des Mains* ?

D.S. — Oui je tiens beaucoup à ces rencontres avec les gamins. Aujourd'hui, je suis sorti du bureau de l'association. Mais j'essaie de motiver des entreprises à l'aider financièrement, et ils se servent de mon image. C'est moi qui l'ai créée à la base, je suis toujours président d'honneur, et toujours hyper intéressé à ce qu'ils font.

S.K. — Quels sont ses objectifs ?

D.S. — Amener les clubs de voile existants à s'ouvrir aux personnes handis. Faire une pratique mixte. On accompagne les clubs qui le souhaitent en leur finançant du matériel, des bateaux adaptés, des transformations dans leurs locaux… Si tu as un club sur la plage, il faut que le mec en fauteuil roulant puisse y accéder ! Il y a des mécènes, qui, la plupart du temps, sont aussi des sponsors d'un bateau. Quand j'arrive à les embarquer dans une aventure, je leur dis : « Quand vous donnez 10 000 € pour le bateau, il y a 1 000 € pour l'association. » On finance aussi des stages pour des particuliers handis qui en font la demande. On peut acheter du matériel à quelqu'un qui veut faire de la compétition. On a organisé des régates mixtes, valides contre handis. Tu invites des grands skippers qui naviguent avec des gamins handis, tu fais venir un peu de presse, ça fait le buzz et tu fais passer ton message. Le logo est présent sur l'étrave de tous mes bateaux.

S.K. — Qu'est-ce que tu as envie de dire aux organisateurs de la Solitaire du Figaro 2005[1] ?

---

1. En 2005 la direction de course du Figaro a refusé d'inscrire Damien, pourtant déjà plusieurs fois champion du monde et champion olympique, sur cette course en solitaire au prétexte que « son handicap l'empêcherait d'agir en "bon marin" en cas de problème majeur sur son voilier ».

D.S. — *(rires)* Rien ! Ceux qui ont pris cette décision ont leur conscience pour eux. S'ils ne sont pas trop orgueilleux, ils auront l'honnêteté de dire qu'ils ont fait une erreur. Je ne suis pas contre les gens qui font des erreurs.

S.K. — Ça t'a atteint ?

D.S. — Certainement. Les quelques mois qui ont suivi cette fameuse lettre recommandée, j'ai fait un zona sur la moitié du visage. Oui, ça a été difficile. Heureusement j'étais entouré. Il y avait Tifenn, la famille, des amis, des personnalités qui m'ont aidé aussi, qui ont pris des positions avec une voix beaucoup plus forte que la mienne, et qui ont réussi à faire élever le débat. Ça c'était intéressant.

S.K. — Tu cites souvent cette phrase de Nelson Mandela : « Je ne perds jamais. Soit je gagne, soit j'apprends. »

D.S. — Ça correspond bien à mon caractère.

S.K. — Mais ça n'empêche pas de souffrir. Est-ce que, dans ce Vendée Globe, il y a eu un moment où tu as pensé que tu pouvais mourir ?

D.S. — Non. Je ne me suis jamais senti en danger de mort. Mais quand j'ai eu mes problèmes de pilote, quand tu t'endors la barre dans la main qui te réveille toutes les trois minutes comme un supplice chinois, forcément, tu n'as plus toute ta tête pour réfléchir correctement. Tu n'as plus le temps, plus l'énergie, tu ne te vois pas continuer même quelques heures. Et puis tu regardes la cartographie, tu vois que tu es loin de tout, et tu n'es pas sur un terrain de foot. Décider d'arrêter, c'est plus compliqué que de traverser le terrain pour rentrer aux vestiaires. La terre la plus proche, c'est 5 jours. Alors déjà, est-ce que je vais en Australie, est-ce que je vais en Afrique du Sud, à Madagascar, rien que ça, ça me paraissait impossible à faire.

S.K. — Oui mais si tu es à bout physiquement ?

D.S. — En fait, c'est un état mental. À un moment, quand tu creuses dans la fatigue, tu ne trouves plus cet état mental. Tu vas chercher de l'aide où il y en a. Tu vas appeler des personnes à terre qui vont te redonner de la lucidité. Quand je galérais dans l'Indien, mon équipe technique m'a dit : « Non, Damien, on ne va pas te donner la procédure pour réparer tout de suite. D'abord tu dors. » J'ai pris plein Nord. J'ai accroché la barre avec des élastiques. J'ai le J3 et la GV avec 3 ris, donc pas très toilé, je ne prends pas une bonne route pour la suite, je perds du temps, mais ça me permet de dormir et de retrouver de meilleures conditions météo. Mais j'étais incapable de prendre cette décision tout seul. Tu as l'impression que tu n'es plus dans la compétition, que c'est terminé. Le gris n'existe plus. Tu as soit le noir, soit le blanc, mais toi tout seul tu n'arrives pas à faire l'intermédiaire. C'est là que l'équipe est importante. C'est pour ça que ça reste un sport d'équipe même en solitaire. Je m'en souviens bien, parce qu'à un moment j'ai lâché. J'ai dit « OK, je vais dormir quelques heures ».

S.K. — J'ai encore quelques questions stupides… Dans le désordre : « Pourquoi fais-tu ça ? Qu'est-ce que tu vas chercher ? À quoi veux-tu te confronter ? Quel est ce besoin de se transcender ? »… Parce que, d'accord, tu ne penses pas à la mort, mais tu vas quand même, gentiment, risquer ta vie. Risquer ta vie pour une passion ?

D.S. — Je pense qu'on ne perçoit pas le danger de la même façon que les Terriens qu'on laisse. Il n'y a pas beaucoup de moments où je me suis senti en danger sur le bateau, et aucun, dans ma préparation, où c'est un élément central. On travaille sur la sécurité, on fait tout pour ne pas avoir à se mettre en danger sur le bateau. Mais le facteur limitant n'est pas le danger.

S.K. — Même pour Tifenn… et pour les enfants… ?

D.S. — Je suis très transparent sur ce sujet avec eux, je ne cherche pas à minimiser les risques mais je vais plutôt chercher à les rassurer tout au long de l'année sur ma capacité à gérer au maximum ces risques-là, sur le fait que je ne suis pas une tête brûlée sur le bateau, mais après on ne peut pas nier que le danger fait partie intégrante de ce sport-là… Le risque zéro n'existe pas, je leur dis, mais je leur dis aussi que je travaille énormément pour le réduire.

S.K. — Alors si ce n'est pas le danger le facteur limitant, c'est quoi ?

D.S. — Je ne sais pas *(rires)*. On n'y va pas parce qu'on aime se mettre en danger, mais avoir conscience du danger n'est pas ce qui va nous faire reculer non plus. Je pense qu'on englobe le danger dans tout le reste. On en a conscience, oui, mais c'est comme le reste, ça fait partie du jeu. Un bateau qui se casse, c'est dramatique, mais ça fait partie du jeu parce que c'est un sport mécanique. Casser une voile, ça m'a handicapé sur la course, mais peut-être que j'ai joué en prenant des voiles trop légères, du coup pas assez solides… Tu finis toujours par trouver une raison.

S.K. — Est-ce que cette expérience t'a changé ? Est-ce que ça t'a rendu plus intelligent avec les Terriens ?

D.S. — *(rires)* Je ne pense pas. Mais je crois que je suis quelqu'un de différent sur l'eau et sur terre. Alors est-ce que le Damien terrien qui évolue, qui vieillit, qui prend toutes les expériences de la vie, fait que le Damien marin navigue différemment au fil du temps ? Est-ce que c'est le Marin qui influence le Terrien ? Difficile de répondre. À terre, j'aime bien m'appuyer sur quelqu'un d'autre. C'est pour ça que ça fonctionne bien en couple avec Tifenn, y compris dans la vie professionnelle. Je ne fais jamais rien sans son accord. Je lui pose toujours des questions, je cherche ses validations, etc. Mais sur le bateau je ne demande l'accord de personne. Ce sont mes choix et je suis capable de les assumer à fond.

S.K. — Mais à l'arrivée, tu es content d'avoir ses réactions et celles des professionnels.

D.S. — Oui, c'est sûr.

S.K. — C'est peut-être maintenant le moment de poser la question du petit bilan sur cette course, trois semaines après ton arrivée… Ne revenons pas sur ta performance, avec un bateau à dérives, sixième à couper la ligne, septième au classement à moins de 19 heures du vainqueur, après trois mois de course, après avoir parcouru 27 512 milles nautiques à la moyenne de 14,2 nœuds[1], moyenne la plus rapide des Imoca à dérives, c'est dingue… C'est un exploit. Tu disais avoir découvert ta capacité d'endurance, est-ce que tu as éprouvé aussi ta capacité à gérer la solitude ?

D.S. — C'était une vraie question au départ. Est-ce que j'allais pouvoir encaisser cette solitude. Je ne suis pas sûr d'y avoir répondu. Je n'ai jamais eu l'impression d'être tout seul avec toutes ces communications avec la terre. La solitude dans l'effort, oui, la solitude dans les manœuvres, j'ai l'habitude de ça,

1. 26,3 km/h.

mais la solitude sur le bateau où tu ne peux parler à personne, je la redoutais mais je ne l'ai pas vraiment ressentie. En tout cas, si je devais dire demain que je n'y retourne pas, c'est pas ce que je mettrais en avant.

S.K. — Et qu'est-ce que tu mettrais en avant ?

D.S. — La performance du bateau. C'est ça qui me redonnera l'envie de revivre une telle aventure et d'y prendre du plaisir.

S.K. — Bon, ça y est, tu as fait le trajet et tu es déjà projeté dans la suite. Tu sais précisément ce que tu veux à la fois sportivement et techniquement. Ça fait tout juste trois semaines que tu es arrivé et je te sens déjà plein d'énergie pour repartir ! Je vois Tifenn qui te regarde et qui sait ce que ça va de nouveau signifier comme engagement, comme travail et aussi comme sacrifices…

Et je repense à la pièce de Marcel Pagnol, quand Fanny essaie de comprendre Marius et son désir d'être en mer…

Fanny : Et c'est pour cette envie que tu veux me quitter ?

Marius : Ne dis pas que « je veux », parce que ce n'est pas moi qui commande… Lorsque je vais sur la jetée, et que je regarde le bout du ciel, je suis déjà de l'autre côté. Si je vois un bateau sur la mer, je le sens qui me tire comme avec une corde. Ça me serre les côtes, je ne sais plus où je suis... Toi quand nous sommes montés sur le Pont Transbordeur, tu n'osais pas regarder en bas... Tu avais le vertige, il te semblait que tu allais tomber. Eh bien moi, quand je vois un bateau qui s'en va, je tombe vers lui...

Remerciements

À Damien pour la magnifique confiance qu'il nous a faite tout au long de ces échanges et pour cette aventure par procuration qu'il nous a permis de vivre.

À Tifenn pour sa complicité.

À Yann, de Géovoile, pour sa patience et sa créativité.

À Florence et Jean-Michel pour leur hospitalité.

À Mireille par qui tout a commencé.

À Clara pour son enthousiasme.

Sam et Catherine

Je tiens à remercier tous ceux qui m'ont aidé à participer à cette magnifique aventure du Vendée Globe et à prouver que le handicap n'est pas un frein à l'accomplissement de ses rêves.

Mes partenaires, le groupe Apicil pour son engagement, Marinepool, Cousin-Trestec, Bodemer-Auto, NKE, Facnor et BMCI pour leur fidélité.

Ma famille, Tifenn, mes enfants, mes parents, mes premiers soutiens.

Mon équipe à terre, Fabienne, Aurélie, Jean-Charles, Guillaume, Yoann, Roland, Loïc, pour leur accompagnement.

Jean et Anne Le Cam, pour le partage de leurs expériences.

Mes fans, pour leurs messages très forts d'encouragement.

Sam et Catherine, pour les moments d'échanges incroyables pendant la course.

Votre implication et votre appui me motivent à continuer l'aventure pour vivre et partager de nouvelles émotions.

Damien

Table des matières

CET OUVRAGE A ÉTÉ COMPOSÉ PAR PCA
POUR LE COMPTE DES ÉDITIONS J.-C. LATTÈS
17, RUE JACOB, 75006 PARIS
ET ACHEVÉ D'IMPRIMER
PAR ESTELLA GRAFICAS (31132 VILLATUERTA-ESTELLA, ESPAGNE)
EN MAI 2021

PAPIER À BASE DE FIBRES CERTIFIÉES

JC Lattès s'engage pour l'environnement en réduisant l'empreinte carbone de ses livres. Celle de cet exemplaire est de :
1,5 kg éq. CO_2
Rendez-vous sur www.jclattes-durable.fr

N° d'édition : 01 – N° d'impression :
Dépôt légal : juin 2021
Imprimé en Espagne